대학이 변하면 국민이 행복해진다

동인

한국의 고등교육 기관들은 현재 매우 극복하기 어려운 상황에 처해 있습니다. 인구의 급격한 감소로 인하여 비수도권에 위치한 많은 대학들이 입학정원을 채우지 못하고 있으며, 카타르 도하에서 열린 세계무역기구의 협약에 의하여 우리의 교육도 하나의 서비스 산업으로 분류되어 2005년부터는 점차적인 개방을 해야 합니다.

또한 국내의 극심한 입시경쟁과 학벌주위를 피하기 위하여 중산층 가정의 자녀들마저 어린 나이에 외국에 보내지는 조기 해외유학생의 수가 급격하게 늘고 있습니다.

일본에서는 이미 10여 년 전부터 같은 경험을 하고 있습니다. 이를 극복하기 위하여 일본 정부와 대학들은 현재 강력한 구조조정과 민영화로 대학의 경쟁력을 점차적으로 회복하고 있습니다.

또한 중국은 급속한 경제발전을 기반으로 고등교육을 받으려는 인구가 급격히 증가하고 있으며, 국가의 강력한 대학발전 프로젝트를 통하여 국제적으로 경쟁력 있는 대학들을 집중적으로 양성해 가고 있습니다.

반면에 한국의 대학들은 준비되지 않은 상태에서 대외개방과 학생 수의 부족이라는 감당하기 어려운 도전에 잘 대처하지 못하고 있는 실정입니다. 이는 궁극적으로 국가의 경쟁력을 급격히 저하시켜 선진국가로의 진입을 어렵게 할 수도 있을 것입니다.

우리가 처한 실정을 먼저 잘 이해하고 다른 나라들의 고등 교육부분의 현황을 우리와 비교할 수 있다면 우리가 처한 문제들을 해결하는데 많은 도움이 될 것입니다. 이번에 교육 컨설팅 회사인 MNS KR의 황갑선 중국지부장께서 저술하신 서적 "변하는 대학, 대학이 변해야 국민이 행복해 진다"는 한국, 중국, 일본의 고등교육 시장의 현황을 교육 컨설턴트 입장에서 다양한 자료와 통계를 바탕으로 쓰여진 매우 유익한 길잡이라 할 수 있습니다. 이 서적은 대학의 대학행정가, 국제교류담당자, 학생, 학부모 등이 다양하게 각자의 목적에 맞게 활용될 수 있다고 생각됩니다.

특히 현재 우리 대학들이 처한 어려운 상황을 극복하고 경쟁력을 회복시키기 위해 중추적인 역할을 담당하는 대학의 행정가들과 대학의 국제화를 위해 많은 노력을 하고 있는 국제교류 담당자들에게 훌륭한 많은 정보를 제공할 수 있다고 생각합니다.

또한 이웃 나라들에 유학을 준비하는 학생과 자녀의 유학을 위해 고민하는 학부모들에게도 유익한 도움을 줄 수 있을 것입니다.

이 서적이 많은 사람들에게 다양하게 활용되어 한국 대학들의 경쟁력을 강화하고 국제화를 달성하는데 많은 도움이 되기를 바랍니다.

한국국제교류담당자협회 (KAIE) 회장

조 인 수

　経済のグローバル化等によって國境を越えた人、情報、物の移動が進み、社會が急速に変化する中で、「國際教育交流」は相互理解のキーワードとしてより重要視される時代になると考える。諸外國との相互理解の促進、大學等の國際競争力の強化等のためには優秀な外國人留學生の受け入れが重要なポイントになると考える。主要50ヶ國における外國人留學生數の統計を見ると、1988年から1998年の10年間に約94万人から約161万人へと約7割増加している。この間の留學生數を國別に見ると、アメリカ合衆國は約37万人から約49万人、イギリスは約7万人から約22万人、オーストラリアは約2万人から7万人、フランスは約13万人から約15万人、ドイツは約9万人から17万人に増加しており、英語圏を中心に外國人留學生の受入は急増している。これは、その一つの理由には、教育分野の積極的なマーケティング分析やリクルーティング等を取入れた「戦略的」外國人留學生受入政策による結果であるといえる。

　外國人留學生受入・交流の分野では、アジア諸國、とりわけ韓國、日本そして中國にももっと力を入れてもらいたい。個人的には、各國の出身學生の派遣はいうまでもなく、世界中の優秀な留學生の目をアジアに向けさせるための「魅力的」かつ「世界レベル」にある研究分野を構築し、これらを「戦略的」に取組むべきだと考える。しかし、我々のような國際教育交流の現場からの意見だけでは限界がある。今回、黄甲善氏は民間企業に勤務し、韓國、日本、中國の三ヶ國での経験をもとに、それぞれの社會・教育環境を分析し、獨自の視点から國際教育

交流についての提言をしている。ともすれば、狹い考え方に
なってしまう我々にとって、黃氏の著書は大変刺激的で學ぶべ
きものがたくさんある。

　지금 세계는 경제의 글로벌(Global)화 등에 따라 국경을 넘어 사람,
정보, 물건의 이동이 진행되고 있다. 또한 '국제교육교류' 는 상호이해
의 키워드로서 보다 중요시되는 시대가 될 것이다.

　외국과 상호이해의 촉진, 대학의 국제 경쟁력 강화 등 우수한 외국
인 유학생을 받아 들이는 것이 중점이 된다고 생각한다.

　주요 50개국에 있어 외국인 유학생수 통계를 보면, 1988년부터
1998년까지 10년간 약 94만 명에서 약 161만 명으로 약 70% 증가하
고 있다.

　유학생수를 국별로 보면, 미국은 약 37만 명에서 약 49만 명, 영국
은 약 7만 명에서 약 22만 명, 오스트레일리아는 약 2만 명에서 7만
명, 프랑스는 약13만 명에서 약 15만 명, 독일은 약 9만 명에서 17만
명으로 증가, 영어권을 중심으로 외국인유학생의 유입이 급증하고 있
다.

　그 이유로는 교육분야의 적극적인 마케팅(marketing) 분석이나 리
크루팅(recruiting) 등을 도입한 '전략적' 외국인유학생 도입정책에 의
한 결과라고 할 수 있다.

　외국인유학생 도입, 교류의 분야에서, 앞으로 아시아 여러 나라, 특
히 한국, 일본, 중국에도 더욱 주력하고 권하고 싶다.

　개인적으로 각국 학생의 파견은 물론이고, 세계 우수한 유학생의
눈을 아시아(Asia)로 향하게 하기 위한 '매력적'이고 '세계적 수준'에
있는 연구분야를 구축해야 한다. 그리고 이것들로 하여금 '전략적으

로 대응'토록 해야 한다.

그러나 우리들과 같은 국제교육교류 현장에서의 의견만으로는 한계가 있다.

이번에 황갑선 선생의 민간기업에 근무하고, 한국, 일본, 중국의 3개국에서의 경험을 바탕으로, 각국의 사회·교육환경을 분석하고, 독자적인 시점에서 국제교육교류에 관한 제언을 하고 있다.

자칫하면, 좁은 사고에 갇혀버리는 우리에게, 황갑선 선생의 저서는 대단히 자극적인 것으로, 배워야 할 것이 많이 있다.

ジョージ・R・ハラダ

廣島経済大學 教授兼國際交流室長

JAFSA常務理事

조지 R 하라다

히로시마대학 교수겸 국제교류실장

JAFSA 상무이사

21世紀世界將由工業經濟時代邁向知識經濟（有人称之爲"新經濟"）時代，這個時代是在几千年人類社會發展的基础上正在出現和卽將出現的知識經濟的新時代，推動這一偉大潮流的是迅速興起的知識革命。在這個競爭日益激烈的時代，知識及其精華——科學技術已成爲当代一个國家富强的源泉，一个企業興旺的根本，成爲人類文明不斷發展的基本動力。在經濟飛速發展，技術日新月异的時代，敎育作爲科技進步的基石，已引起世界各國的极大關注。

"大學需改變"較系統地闡述了中國在改革開放以來，中國政府充分認識到高等敎育的重要性，把敎育作爲改革進程中的工作重点。中國大學敎育的發展和改革，直接關系到中國實現現代化的速度，關系到中國能否盡快成爲世界經濟强國，關系到中國能否在世界各國的激烈競爭中占有有利的位置，……。可見，在21世紀，大學的改革已成爲中國社會越來越關注的一个重要課題。

中國爲了迎接21世紀的挑戰，在敎育改革中已經打破了以往的傳統觀念，正在探索和實踐着中國高等敎育改革的新道路，爲中國乃至爲世界各國培養具有較高文化素養和掌握高科技技術的尖端人才，這是中國高等敎育改革的主要目標。

黃甲善先生撰寫的《大學需改變》一書，從客觀上分析了中國高等敎育的改革現狀，存在的問題以及今后改革的方向。并從中、日、韓三國敎育改革比較中，從中日韓三國作爲東北亞地區敎育改革的整体和前景作出了描繪。這不僅對中國的敎育改革，同時對東北亞區域的敎育改革也都有着積极的作用。衷心希望此書能成爲中日韓大學交流改革經驗，取長補短，爲中日韓大學的發展，爲東北亞地區科學技術的進步有所啓迪。

是爲序。

21세기, 세계는 공업경제시대에서 지식경제("신경제"라고 부르기도 함)시대로 발돋움 할 것 입니다. 이 시대는 몇 천년에 걸친 인류사회발전을 기초로 현재와 미래에 도래하게 될 지식경제의 신시대이며, 이 위대한 시대의 조류를 이끌어 갈 것은 급속히 발전할 지식혁명입니다.

경쟁이 날로 치열해지는 시대에 지식의 진리와 과학기술은 이미 당대에 있어 한 국가의 부강의 원천이요, 한 기업 번창의 근본, 인류문명 발전의 기본 동력이 되었습니다. 경제가 급속히 성장하고 기술이 나날이 새롭게 변화하는 시대에 교육은 과학기술의 진보를 이끄는 초석으로써 이미 세계각국의 큰 관심의 대상이 되었습니다.

변하는 대학, 변하지 않는 대학"에서는 중국이 개혁개방 이후 중국정부의 고등교육에 대한 중요성의 인식과 교육을 개혁 발전과정의 중점사항으로 둔 것에 대해 아주 구체적으로 서술하고 있습니다.

중국 대학교육의 발전과 개혁은 직접적으로 중국의 현대화 실현의 속도와 관계되며 중국이 빠른 시간 내에 세계 경제강국이 될 수 있는 것과도 관계될 뿐만 아니라 세계 각국의 치열한 경쟁 속에서 중요한 위치를 차지할 수 있는 가와도 관계가 있습니다. 이와 같이 21세기에서 대학의 개혁은 중국 사회가 관심을 가지고 중요시하는 과제가 되었습니다.

중국은 21세기의 도전을 맞이하여 교육개혁에 있어 이미 전통적 개념을 깨트리고 지금 중국고등교육 개혁의 새로운 길을 탐색하고 실천해 나가는 과정에 있습니다. 또한 중국 및 세계 각국을 위하여 높은 문화와 과학기술을 지닌 인재를 양성하고 있으며 이것은 중국의 고등교육개혁의 주요 목표입니다.

황갑선 선생의 "변하는 대학, 변하지 않는 대학"에서는 객관적인 측면에서 중국고등교육의 개혁현황을 분석하였으며 현재의 문제와 향후의 개혁에 대한 방향을 제시하였습니다.

그리고 한·중·일 삼국의 교육개혁 비교를 통하여, 한·중·일 3국의 동북아 지역 교육개혁의 정체와 전망을 서술하고 있습니다. 이것은 중국의 교육개혁 뿐만 아니라 동시에 동북아 지역의 교육개혁에도 아주 적극적인 작용을 할 것입니다.

진심으로 이 책이 한·중·일 대학교류개혁의 경험이 될 수 있고, 장점을 취하고 단점을 보충하여 한·중·일 대학발전 및 동북아 지역 과학기술의 진보에 조금의 깨우침이 있기를 바라겠습니다.

2004년 9월 14일

黑龍江大學 東北亞硏究中心　　　　敎授　郭力
　　黑龍江省社會科學院東北亞硏究所　　所長

흑룡강대학 동북아연구센터　　　교수: 곽 력
　　흑룡강성 사회과학원 동북아연구소 소장

최근 들어 '대학이 변해야 된다!' 또는 '대학이 변해야 살아남는다' 라는 이야기를 많이 하고 있다.

이런 이야기를 특별히 강조하는 것을 보면 혹시 그동안 대학이 좀처럼 변하지 않았거나, 그런 변화와는 무관한 특수한 집단으로 남아있다가 어느날 갑자기 변해야 된다고 바빠진 것은 아닌가, 하는 생각이 든다.

필자는 대학에 근무하지는 않는다.

다만 대학의 국제교류 관계 일을 하게 되면서 한국 대학에 대한 나름대로의 관심을 갖게 되었고, 21세기 급변하는 세계 환경 속에서 오늘의 한국 대학이 발전했으면 하는 충정어린 마음에서 이 글을 쓰게 됐다.

필자는 지난해인 2003년 KAIE(한국국제교류담당자협의회) 워크숍에서 두번에 걸쳐 주제발표를 하게 되었다. KAIE(www.kaie.org)는 대학 내 국제교류를 담당하고 있는 부서의 실무자들이 정보 교환 등을 목적으로 구성된 협의체다. 전국 170여개 대학이 참가하고 있으며, 1년에 두 번의 정기 워크숍을 통해 대학의 국제 교류에 대한 정보교환과 토론 및 연수 등을 하고 있다.

또한 이글을 쓰는데 기반이 된 ㈜엠엔에스케이알은 대학이 아닌 일반 기업체로서 유일하게 회원으로 가입되어 있기도 하다.

저자는 지난해 KAIE정기워크숍에서 두 번에 걸쳐 '중국 유학 시장과 학생 유치 전략' 과 '한·중·일 교육 시장과 한국 대학의 대처' 라는 제목으로 주제 발표를 하게 되었다.

이때 발표한 자료를 좀더 보완하고 정리하여 보다 많은 분들과 한국의 대학이 나가야 할 방향을 같이 생각해 보고 싶어 이 글을 쓰게 됐다.

사실 최근 '대학이 변해야 된다'는 이야기가 많이 나오고 있다.

하지만 과연 어떻게 변해야 되는가 또 지금 그렇게 변하고 있는가에 대해서는 왠지 시원스럽게 답변하기가 어려운 것 같다.

그런가 하면 최근 우리나라가 '동북아 중심국가가 되자'라는 이야기도 많이들 하고 있다.

지리적으로 우리나라를 가운데 두고 서쪽으로는 중국이 있고 동쪽으로 일본이 위치하고 있으며 북쪽으로는 러시아가 있다. 우리는 이 지역을 통상 동북아라고 부른다.

한국이 분명, 지리적으로는 동북아의 가장 중심인 것만은 틀림없다. 그러나 지리적인 측면이 아니라 정치, 경제, 사회 전반적인 측면에서 동북아 중심국가가 되기 위해서는 과연 어떻게 해야 하는 것인가. 자칫 우리나라가 주장하는 '동북아 중심국가'는 구호로만 끝나고 영원히 동북아 변방국가에서 벗어나지 못하는 것은 아닌가.

누구나 외국에 오래 나가 있으면 애국자가 된다고 한다.

저자는 과거 대우그룹에 입사 후 처음 5여년 간은 일본프로젝트를 수행했으며, 그후 8년여 정도 중국에서 ㈜대우 중국투자법인에서 근무를 포함하면 올해로 중국 생활만 어느덧 12년이나 되었다.

그동안 일본과 중국에 대해 여러 가지 많은 경험을 했으며, 내 머릿속에는 항상 한국이 좀 잘 됐으면 하는 바램을 갖고 살아왔다.

왜냐하면 그것은 결국 내가 태어나고 앞으로 돌아갈 고국이기 때문이다.

필자는 그동안 한·중·일 3국 간의 학생교류 일을 하면서 수집했던 자료를 정리하고 평소 느껴왔던 생각을 정리해 보고 싶었다.

한국 대학의 발전적 변화를 위해서는 다른 나라 대학의 벤치마킹은 무엇보다도 중요하다고 생각한다.

벤치마킹의 대상이 꼭 멀리 있는 서구의 선진국가만이라고는 생각하지 않는다.

등잔밑이 어둡다고 할까.

우리와 가까운 주변 국가인 중국과 일본의 교육 시장을 살펴보고, 중국과 일본의 변화하는 대학을 벤치마킹하는 것도 매우 유익하다.

사실 우리는 일본을 우리와 여러 면에서 동등하거나 심지어 우리보다 못한 수준으로 바라보는 경향도 있고, 중국은 우리보다 훨씬 못한 존재로 낮추어 보는 시각을 갖고 있는 것을 부인할 수 없다.

그러나 분명 일본은 우리보다 여러 면에서 앞선 선진국가임에 틀림없고, 중국도 절대 무시할 수 없는 나라라는 것을 알아야 한다. 실제로 중국은 우리보다 이미 앞선 부문이 많고, 앞으로 다른 많은 부문도 우리를 앞 설 가능성이 많은 나라이다.

심지어 어떤 분은 교육부문에서는 한국이 사회주의 국가이고 중국이 자본주의 국가라고 주장하는 얘기가 나올만큼 중국은 엄청나게 변하고 있다.

과연 우리 자신이 어느 위치인지도 잘 모르면서 우리와 가장 가까운 나라인 일본과 중국을 등안시하는 것은 문제가 있다고 생각한다. 세계 속의 대학으로 성장하기 위해선 가까운 나라의 변화의 모습을 주시해 볼 필요가 있다.

어쩌면 정신없이 지내다 주변을 돌아보니 우리와는 비교도 안될만큼 변해버린 이웃이 될 수 있기 때문이다.

우선, 한국을 중심으로 중국과 일본의 교육 시스템을 이해하고 그 속에서 우리의 나갈 길을 파악하는 것이 좋을 것 같다.

제1장

에서는 동북아 한 · 중 · 일 3국 간의 경제교류 및 인적 교류 등를 통하여 뗄 수 없는 한 · 중 · 일 삼각관계를 다루었다.

지금의 한 · 중 · 일 3국은 경쟁과 상생(相生)의 관계이다.

언제가는 유럽이 통합국가(EU)를 이루었듯이 한 · 중 · 일 3국도 통합 경제를 이룰 날이 있으리라 생각 된다.

지금 많이 논의 되고있는 한 · 중 · 일 간 FTA도 그런 것들을 위한 한 출발점이기도 할 것이다. 제2장에서는 한국과 중국, 일본의 교육 시장을 중심으로 한 사회 현상과 각 대학들이 변화를 추구하는 모습을 다루었다.

한 · 중 · 일은 예로부터 하나의 교육문화권이었다.

근대에 이르러 서구 문물을 빨리 받아들여 선진국으로 일어 선 일본과 사회주의 체제에서 개방 정책으로 급속히 변화하는 중국, 그리고 선진국의 문턱 기로에 선한국, 삼국 모두가 교육분야는 사회의 가장 큰 문제라는 공통점을 갖고 있다.

이러한 삼국의 교육시장의 실상과 현황을 조명해보고 우리가 어느 부문에서 벤치마킹하면 좋을 것인가를 생각해보는 기회가 됐으면 좋겠다.

제3장에서는 과연 우리 대학이 어떻게하면 될 것 인가에 대해 적어보았다.

물론 필자보다도 훨씬 깊게 생각하시는 전문가들의 견해가 많을 것이며 또는 다소 의견이 다른 분들도 있을 것이다.

다만 소견에 불과한 내용일지는 모르겠지만 과연 우리 한국 대학이 어떻게 하면 좀 더 발전적이고 세계적인 대열에 동참할 수 있을가 하는 생각에서 내 나름대로의 생각을 정리해 보았다.

또한 우리가 잘 알고 있는 것 같지만 실제는 잘 모르고 있는 각종 현장 데이터 자료를 수집, 정리했으며 그 속에서 우리 대학이 나가야 할 방향을 한번 생각해보자는 뜻에서 이 글을 쓰게 되었다.

이 글을 보는 독자들은 나름대로 다른 의견이 있을 것이다.

하지만 이 글이 한국의 교육과 우리 대학의 발전 방향을 고려하는데 조금이라도 보탬이 되면 좋겠다는 생각일 뿐이라는 것을 밝히고 싶다.

끝으로 바쁘신 가운데 추천사를 써주시고 많은 기회를 주신 KAIE 회장을 맡고 계시는 연세대 조인수 님께 마음 속 깊이 감사를 드린다.

또한, 일본에서 JAFSA 상무이사를 맡고 계시는 히로시마대학 조지 R. 하라다 교수와 중국의 흑룡강대학 동북아연구센터소장을 맡고 계시는 곽력교수께 감사드린다.

무엇보다도 이 책이 나오기까지는 어려운 여건 속에서도 많은 지지와 격려를 해주신 ㈜엠엔에스케이알 박명만 사장님, 김철수 전무님께 깊은 감사를 드린다.

영원한 맏형 조창수 님, 오랜 해외 생활 속에서도 항상 용기를 북돋아 주었던 친구 박수인 님, 송창주 님, 선배 장범수 님, 강성태 님께도 감사를 드린다.

항상 아들의 모든 것을 염려하시고 계시는 노부모님, 어쩌다보니 많은 시간을 떨어져 살게되어 늘 미안한 아내에게 그동안 많은 노고에 깊은 감사를 드린다.

또한 학업에 정진하고 있는 두 자녀에게 자식의 앞날의 발전을 기원하는 '한석봉 어머니' 와 같은 마음으로 이글을 쓰게 되었음을 알리고 싶다. 자료 조사 및 정리에 힘써주신 일본 (주)엠엔에스와 중국의 북경, 상해, 심양사무소 및 한국의 (주)엠엔에스케이알 직원 여러분께 감사를 드린다.

그외 평소 많은 관심과 격려를 주신 많은 분들께 심심한 사의를 표한다.

중국 상해에서 2004년 10월

황 갑 선

차례

한 · 중 · 일은 뗄 수 없는 삼각레이스

동북아 3국 한·중·일은 오래 전부터 교역(交易)을 시작했고, 지금도 상호 가장 중요한 교역 상대국이다.

이런 경제적 중요성 때문에 최근 3국간 경제 통합을 위한 FTA협정을 검토하는 등 경제적인 교류와 교역이 날로 활발해지고 있다.

동북아 3국 중 일본은 가장 먼저 문호를 개방하고 발빠르게 서구 문명을 받아들인 덕택에 세계 제2의 경제 대국으로서 아시아의 선두 국가 위치에 섰다.

반면 우리나라는 일본 식민지 통치에서 벗어난 뒤 또다시 한국 전쟁을 겪게되어 폐허 속에서 다시 일어나야만 하는 경제적 시련을 겪었다. 그후 한국 경제는 1970년대 새마을운동이라는 국민 경제개혁 운동을 바탕으로 정부주도의 수출로 경제성장의 기반을 이루었다.

중국의 경우 중국 대륙의 공산주의 국가건설, 문화 혁명 등의 사회주의 격동기를 지나 덩샤오핑(鄧小平)의 시장경제 개방정책을 펼친 지 20여년이 지났다. 지금 세계의 공장으로 불릴 정도로 비약적으로 발전, 경제규모가 2020년 일본을 제치고, 2040년에는 미국을 앞서게 된다는 골드만삭스사의 예측이 나올 정도이다.

이제 중국은 지구상 마지막 남은 시장으로 평가받으며 무섭게 경제대국으로 성장한다는 데 이의를 제기하는 사람은 아마 없을 것이다.

결국 우리 한반도를 중심으로 동쪽에는 경제 대국인 일본이 버티고 있고, 서쪽으로는 향후 20~30년 안에 세계 제일이 될 예비 경제대국이 자리잡고 있을 뿐만 아니라, 북쪽으로는 러시아가 국경을 마주대고 있어 우리나라는 열강 국가의 틈바구니 속에서 참으로 어렵게 살아 가는 형국이다.

그런 지정학적인 특수한 조건 속에서도 그간 우리나라 경제는 세계사에서 찾아보기 힘든 고도 성장을 했다. 이런 경제 성장의 초석이 된 것은 1970년대 정부가 주도한 성장 위주의 정책과 베트남전, 중동 경기 특수 등 외적 요인도 컸지만 한국민의 근면성과 끝없는 도전 정신이 없었다면 불가능한 일이다.

우리나라는 1980년대 이후에도 고도 성장을 꾸준이 유지, 꿈에 그리던 국민소득 1만 달러를 달성하게 되었다.

하지만 일반 국민들에게는 단어조차도 생소한 IMF 위기도 겪으며 국민소득 1만 달러의 시간을 보낸 지도 벌써 10여 년이 되었다.

우리나라는 중국과 1992년에 수교를 이룬지 14년이 지나는 동안 엄청난 한중 양국 간의 교역량 증가를 이뤘다.

1980년에는 4,000만 달러 수준이던 한중 간의 교역규모가 2002년에는 412억 달러에 이르렀다. 약 20여년 동안 양국간의 교역규모가 1,000배 이상으로 늘었고 우리나라의 수출규모도 매년 40% 가까이 신장하고 있음을 보여준다.

이는 우리나라 교역시장에서 최대 수출시장인 미국을 중국이 밀어내고 있음을 의미하며, 실제로 2004년에 들어와 중국에 대한 수출이 미국과 일본을 제치고 단연 1위로 앞서 나가고 있는 실정이다.

실제로 1980년도에는 우리나라의 전체 교역량 중 중국과의 수출 비중은 0.1%로 극히 미미한 정도에 불과했다.

그러다가 불과 20여년 만인 2003년 대중국 수출 비중은 전체의 17.7%(1월~9월까지)를 차지한 반면 미국은 26.3%에서 17.6%, 일본은 17.4%에서 8.9%로 감소, 우리나라의 중국에 대한 수출 비중이 얼마나 많이 증가, 의존했는가를 보여주고 있다.

●한국의 주요 국가 수출 증가 현황

(단위 : 억 달러)

구 분		중 국	일 본	미 국	E U	ASEAN
수	2001년	182	165	312	196	165
출	2002년	235	156	330	206	190
액	2003년	270	157	345	215	210
수출 증가율		30.4%	1.7%	13.0%	7.8%	17.4%

〈자료 : 무역협회〉

●우리나라 주요국 수출비중

(단위 : %)

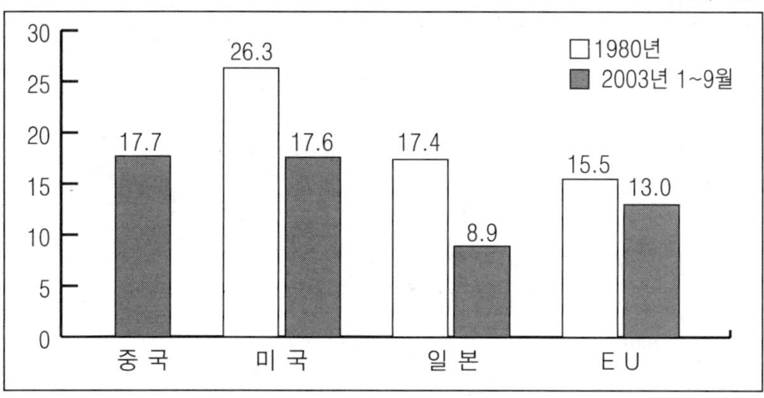

〈자료 : 통계청〉

2000년 이후 지금의 우리나라에 있어 가장 중요한 수출대상 국가는 바로 중국이다.

우리나라의 2003년 대일 무역적자는 190억 달러를 넘어 전체 무역흑자인 150억 달러의 1.27배에 이르고 있는 데 반해 대중 무역수지는 전체 무역 흑자의 88% 수준인 132억 달러에 이른다. 이는 곧 중국에서 돈을 벌어 일본에 그대로 바치고 있는 양상이다.

일본으로부터의 수입은 IT산업에 연관 된 반도체(52억3,000만 달러)와 강판(23억 5,000만 달러)이 각각 1위, 반도체 제조용 장비(12억 2,000만 달러)도 3위를 차지하고 있어, 우리나라가 해외에 수출하기 위한 주력 상품의 부품과 제조 설비를 일본에서 주로 수입하고 그 의존도 또한 매우 높은 것으로 나타났다.

●한국의 대중국 수출입추이

(단위 : 억 원)

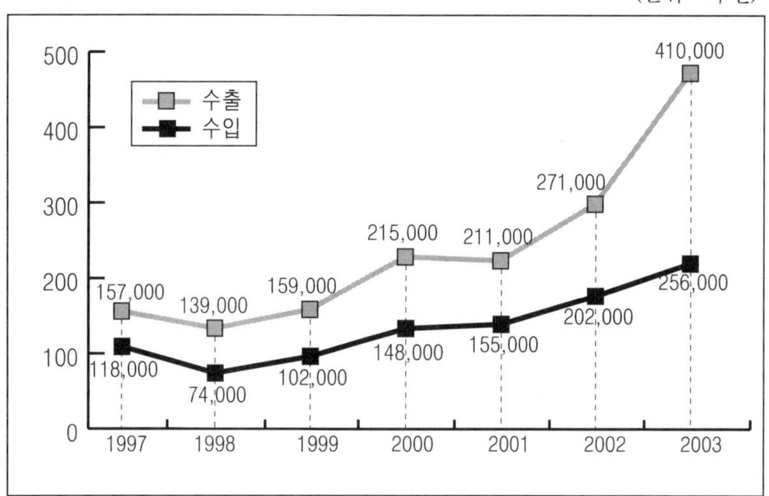

〈자료 : 통계청〉

또한 우리나라의 대중국 투자 역시 엄청난 규모로 늘어갔다.

중국 상무부 통계에 따르면 우리나라 기업의 중국 투자가 중국 전체 외국인 투자에서 차지하는 비중이 2002년 5.2%에서 2003년에는 8.6%로 뛰어올랐으며, 투자총액의 순위도 홍콩, 중미의 버진군도, 일본, 한국, 미국, 타이완 순으로 4위다.

중국은 최근 우리나라 일본뿐 아니라 전 세계 국가로부터 적극적인 자본유치를 꾀해 외국인 직접 투자액(FDI)이 2003년 한 해 530억 달러에 이르렀다. 유치해 그동안 수위를 달리던 미국의 400억 달러를 제치고, 세계에서 외국인 직접 투자 1위를 차지하는 국가가 된 것이다.

우리나라 기업의 대중국 투자액이 크게 증가하면서 한국의 제조업

●한국의 대일본 수출입 추이

(단위 : 억 달러)

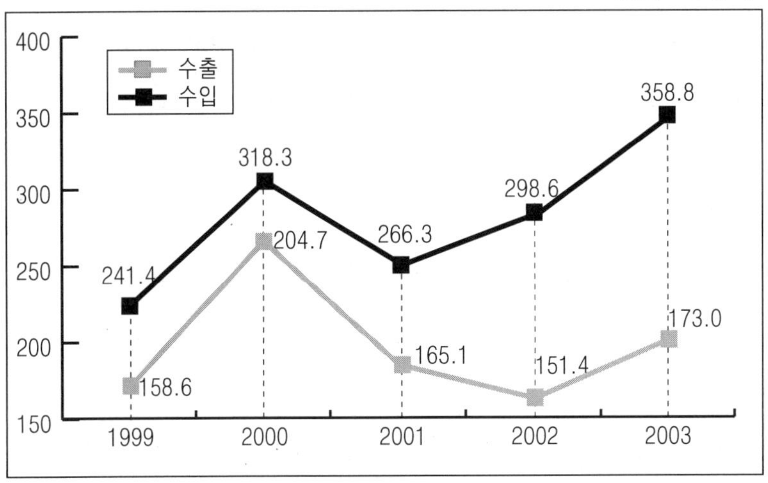

〈자료 : 산업자원부〉

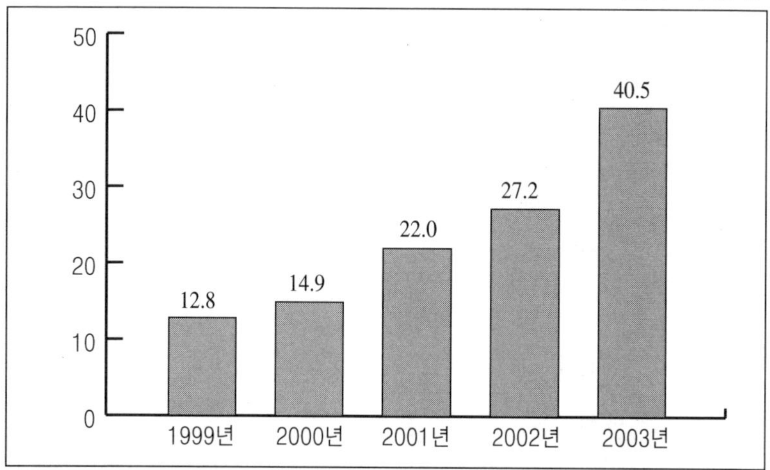

주) 2003년 1~11월까지 통계　　　　　〈자료 : 한국무역협회, 중국 상무부〉

공동화에 대한 우려감도 더욱 높아지고 있다.

실제로 대중국 투자액은 1999년 12억8,000 달러였으나 2003년에는 40억5,000 달러로 4년 사이에 무려 3배 이상 증가했다. 특히 우리나라 기업의 대중국 투자 88%가 제조업인 것이 특징이다.

이런 현실을 볼 때 우리나라의 경제, 특히 제조업의 기반이 중국에 예속되지 않겠냐는 우려도 일리가 있다.

한편 한국, 중국, 일본 등 동북아 3국간의 교역 규모가 2조 달러를 넘어 전세계 교역에서 한·중·일 동북아 3국이 차지하는 비중이 15%를 돌파했다.

향후 중국의 고도성장에 힘입어 전세계에서의 동북아 3국의 역할과 입지가 커지리라는 예측이다.

●한국의 대중국 투자건수와 해외투자 중 중국의 점유율

(단위 : 투자건수, 전체해외투자 중 비중)

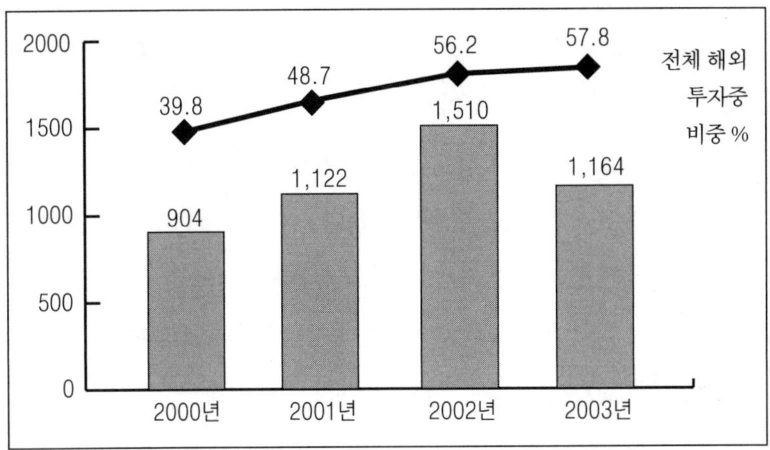

〈자료 : 재경부〉

일본은 1980년 이후 고도 성장이 멈추고 1990년대부터 거품이 꺼지면서 장기간 불황에서 벗어나지 못하고 있다.

하지만 최근 일본경제 지표가 10여년 간의 길고 깊은 잠에서 깨어나 부활하고 있다는 보도가 많이 나온다. 그러나 국민들이 느끼는 체감 경기는 아직 한 겨울을 못 벗어나고 있는 듯하다.

하지만 일본 국내 총생산(GDP) 실질성장율을 수치로만 보면 2002년 0.1%에서 2004년 1분기에는 5.6 %의 고도성장을 기록한 것으로 나타났다. 이같은 수치는 버블의 절정기인 1990년의 5.2% 이래 가장 높은 성장율이다

●**일본 국내 총생산(GDP) 실질 성장률**

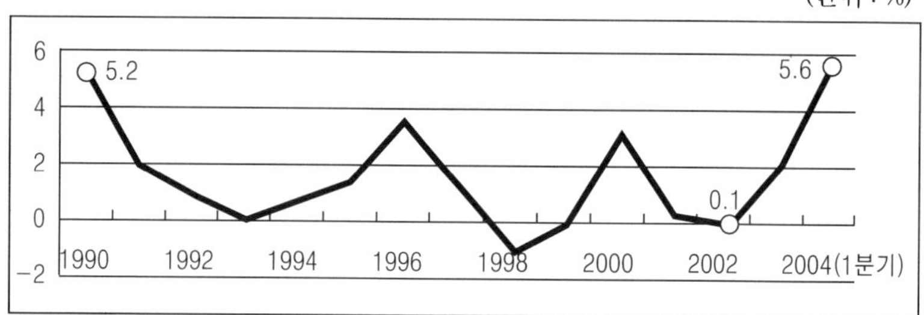

〈자료 : IMF, 일본 내각부〉

분명 발표만 보다면 일본 경제가 다시 살아 나고 있는 것이다.

이 같은 수치상의 최근 일본경제의 회복(回復)과 성장은 중국의 고도성장에 따른 중국특수가 밑받침이라는 것은 누구도 부인할 수 없

는 현실이다.

실제로 일본경제를 끌고 있는 수출 경제에서 2003년 한 해 동안 수출 증가 물량의 79%는 대중국 수출로 이루어졌다.

일본이 1945년 이후 60여년 간 미국에 일본 제품의 수출시장과 안보를 의존해왔으나 이제는 경제적인 측면에서 만큼은 중국이 미국을 대체하고 있는 양상이다.

●일본의 대중국 교역규모

(단위 : 억 달러)

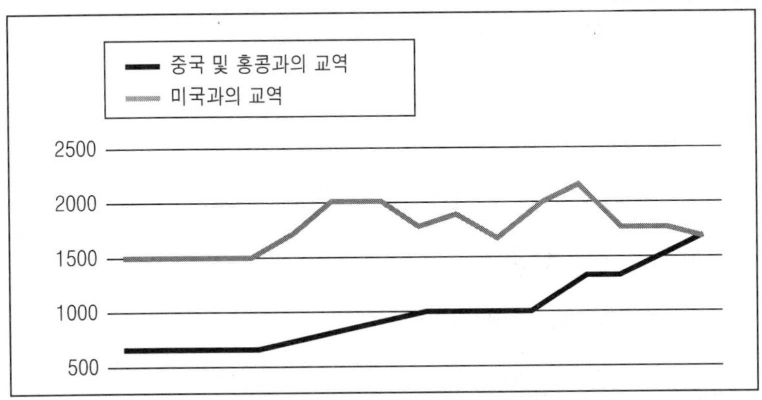

〈자료 : 통계청〉

일본제품의 대중수출이 늘고 대미수출이 감소한데는 최근 일본 생산품이 중국에서 생산되어 미국으로 수출되는 것도 한 요인이다. 하지만 중국의 고도성장에 따른 국민소득 증대로 일본산 고가 제품을 살 수 있는 구매력이 생긴 것도 대중수출이 증가하게 된 주요 요인으로 판단된다.

사실 그동안 일본이 중국을 보는 경제적 관점은 중국이 세계 시장에서 저가 상품 공세로 일본 상품의 설 땅이 없어져 이로 인한 일본 산업이 피해를 입고있다는 피해 의식이 많았다.

그러나 최근 많은 일본 사람들이 중국의 고도 경제성장이 일본에 직·간접적 경제성장에 도움이 되고 장기간 불황 국면을 타파할 수 있는 절호의 기회라고 판단하고 있는 분위기이다.

이제 일본에서는 중국을 경계의 대상으로 볼 것이 아니라 중국을 충분히 활용하는 시각이 많이 생긴 것도 이에 기인하고 있다.

현재 일본에서는 2001년부터 중국에 대한 투자가 다시 크게 늘어나고 있다. 2001년 일본의 대중국 투자는 45억8,000만 달러로 2000년 29억1,000만 달러에 비해 크게 늘었다.

이와같은 중국에 대한 직집 투자가 늘어난 것은 중국의 고도 성장에 따른 중국의 소비 시장이 커지고 중국을 통한 세계 시장으로의 진출이 더 유리하다고 판단됐기 때문이다.

●일본의 대중국 투자

(단위 : 달러)

연도	1999년	2000년	2001년	2002년
투자액	29.7억	29.1억	45.8억	42억

〈자료 : 중국 대외무역 경제합작부〉

또한 중국 내의 외국 제품에 대한 주요 경쟁국가인 한국, 미국, 대만을 제치고 일본이 단연 1위를 차지하고 있는 것은 중국인들의 일본 제품 선호도를 단적으로 말해 주고 있다.

중국 입장에서도 일본은 대외교역국가 중 가장 큰 교역 상대이다.

2002년도 중국의 무역 상대국과의 수출입 총금액을 볼때 일본이 1019.1억 달러로 1위를 차지했고 미국이 971.8억 달러로 2위, EU 867.6억 달러로 3위, 한국이 440.7억 달러로 7위를 차지했다.

일본에서는 그동안 중국에 대한 경계와 거부 시각에서 이제는 최근 중국의 고도 성장이 일본 국익에 도움이 되고 있다는 것을 깨닫고 있다.

한국, 중국, 일본 동북아 3국의 교역 규모가 2조 달러가 넘고, 동북아 3국이 전세계 교역 시장에서 차지하는 비중이 15%를 상회하면서 한·중·일 간의 경쟁은 필연적일 수 밖에 없다.

이로인한 세계 시장에서의 한·중·일 3국간의 쫓고쫓기는 피 튀기는 싸움은 불가피하게 되었다.

1차산업, 노동집약형 경공업 분야에서 일본과 한국은 이미 중국에 그 자리를 물려준 지 오래고, 일본이 앞섰던 기술 제품은 한국이 바짝 추격하는가 하면 한국이 그동안 중국보다 조금 앞선 기술제품 역시 이제는 중국이 근접, 추월할 기세라 지금의 동북아 3국간 무역난타전 양상이 일어나고 있다.

해외시장 점유율 순위가 언제 바뀔지 모르는 숨막히는 접전 속에서 한국은 일본에 밀리고 중국에 치받치는, 어려운 샌드위치 신세가 되고 있다. 최근 한국무역협회에서 조사한 자료에 의하면 한국의 주력 30대 수출품 중 절반에 가까운 14개 품목이 중국, 일본과 치열한 경쟁을 하고 있다.

한국의 30대 수출품 중 한·중·일간의 겹치는 품목은 1998년 5개, 2000년 5개, 2003 년 6개에서 2004년 1/4분기에는 14개로 크게 늘어났다. 특히 일본과 겹치는 품목은 작년 16개에서 2004년 1/4분기 21개에서 올해에는 7 개로 크게 줄었다.

향후 이러한 경쟁 품목의 비율은 점차 높아져 수출 경쟁이 더욱 치열해질 것이라는 전망이다. 또 10대 수출품 중에서 중국이나 일본과의 경쟁 품목 비중은 총 수출의 32.7%에 이르는 것으로 나타났다. 이는 일본의 14.6%나 중국의 14.7%와 비교하면 한국이 가장 심한 경쟁의 대상이 된 것이다.

세계 시장에서 한국 제품이 중국으로 부터 맹렬한 추격으로 고전을 면치 못하고 있는 실정이다.

●한·중·일 10대 수출품목 중 상호 경쟁 현황 : 2004년 1/4분기 기준

(단위 : 억 달러 %)

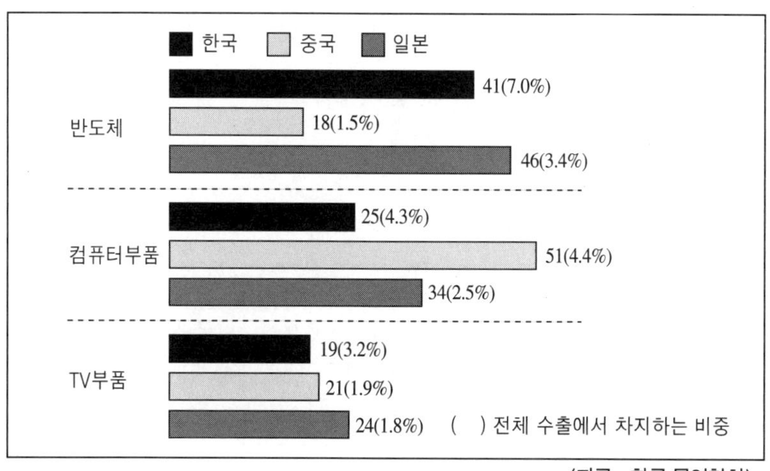

〈자료 : 한국 무역협회〉

일본 시장에서도 한중간의 경쟁은 치열해 1994년부터 2003년까지 10년간 일본이 수입시장 점유율 경쟁에서 중국 제품은 5%대에서 20% 가까이 급성장한 반면, 한국 제품은 5%대에서 4%대로 낮아졌다.

동일한 시기 세계 최대 수출 시장인 미국 시장 점유율이 한국은 3~4% 대에서 2~3% 대로 떨어진 반면, 중국은 2% 수준에서 16% 대로

급성장하고 있다. 중국의 미국 시장 1위 품목은 2002년 말 199개로 급증한 반면 한국은 12개로 감소되어 버렸다.

이것은 비단 미국 시장에서만은 아니다. 세계 시장에서 세계 1위 한국 제품은 점점 적어지고 있다. 유엔 자료에 의하면 한국의 세계 1위 상품수는 1999년 88개, 2000년 84개, 2001년 69개로 감소된 반면 중저가 제품에서 치열한 다툼을 하고있는 중국은 1999년 605개, 2001년 753개로 급격히 증가되는 것으로 나타나고 있다.

또한 고가 제품군에서 한국과 경쟁을 하고 있는 일본의 경우 세계 1위 상품이 2001년 318개로 한국에 비해 약 5배가 높은 것으로 나타나고 있어 한국은 일본과 중국 중간에서 고전을 면치못하고 있는 실정이다.

●미국 및 일본시장에서의 한·중 점유율 추이

시장구분	국가구분	2000년	2001년	2002년	비 고
미국시장	한 국	3.3%	3.1%	3.0%	미국 시장 점유율(2002)
	중 국	8.2%	9.0%	10.5%	캐나다〉멕시코〉중국〉일본
일본시장	한 국	5.4%	4.9%	4.5%	일본 시장 점유율(2002)
	중 국	14.5%	16.6%	18%	중국〉미국

〈자료 : 중국 대외무역 경제합작부〉

한국은 일본 시장에서도 중국과 피할 수 없는 숙명적인 만남을 계속하고 있다.

일본 시장에서 수입 1위 품목 중 중국은 1994년에 149개 품목에서 2003년 334개 품목으로 늘어난 반면 한국은 겨우 40개 품목에 그쳐 중국의 1/8에 지나지 않을 정도로 중국에 밀리고 있는 것이다.

더욱이 한국이 자신하는 IT품목에서 조차 중국에게 점차 밀리고 있다.

중국 IT제품의 대일본 수출시장 점유율은 지난 1994년 5.6%에서 2002년 22.7%로 크게 높아진 반면, 한국은 같은 기간 10.6%에서 9.6%로 감소, 앞으로 중국과의 어려운 접전이 계속될 것으로 예상된다.

하지만 중국은 세계 시장에서 우리의 위협적인 경쟁자이긴 하지만 또 다른 한편으로는 한국에게는 큰 시장을 제공하고 있다. 한국에게 있어 중국이 2001년까지는 미국, 일본에 이어 제 3위의 수출대상국이었으나, 2002년에는 2위로, 2003년에는 미국을 제치고 우리의 제 1위의 수출 대상국으로 부상하였다.

또한 중국에서의 한국과 일본의 경쟁도 치열하게 나타나고 있다.

2003년 중국의 수입 시장 규모는 4,130억 달러 규모인데, 그 중 일본이 수입시장 점유율 1위(17.9%), 대만 2위(11.9%), 한국 3위(10.5%), 미국 4위(8.2%)를 차지하고 있다.

현재 중국 시장에서 한국이 대만을 바짝 따라 붙는 형국으로 조만간 대만을 추월하고 2위 자리를 차지하면 곧 1위 자리를 놓고 일본과의 치열한 싸움을 할 것으로 보여진다.

그러면서도 한·중·일 3국은 경쟁(競爭)과 상생(相生)의 관계가 이루어지고 있다.

중국은 일본과 한국의 앞선 기술 제품을 중국내에서 생산, 중국 경

제 부흥에 기여할뿐만 아니라, 제품 생산 과정에서 습득되는 기술을
자체 기술과 접목시켜 세계 시장으로 나가고 있다.

한국과 일본의 경우 각자 본국보다 생산 환경이 좋은 중국에서 제
품을 생산, 세계 시장으로 나가는 동시에 21세기 마지막 남은 최대 시
장인 중국 내수시장을 선점하려는 계획이다.

이제는 한·중·일 3국은 불가피한 치열한 경쟁을 하면서도 각자
의 이익을 위한 서로 상생(相生) 할 수 있는 방법을 모색해야 될 것이
다.

동북아 한 · 중 · 일은 지리적으로나 경제적으로 인적 교류가 많을 수밖에 없다.

과거 한 · 중 · 일 3국의 각 국가 체제의 문제로 인하여 인적 교류가 어려웠던 시기를 제외하고는 한 · 중 · 일 3국의 인적 교류는 자연스런 역사의 흐름이라고 말할 수 있다.

최근 들어 한 · 중 · 일 3국의 인적 교류는 더욱 빈번해지고 있다.

2001년부터 2003년까지 인적교류를 보면 일본의 경우 2002년 월드컵 때 양국간 왕래가 가장 활발하여 무려 1,000만 명에 가까운 인원이 오고갔으며 연간 평균 700만 명 선의 인적교류가 이루어지고 있다.

한편 한국과 중국의 교류는 매년 80~90만 명 이상 급격히 늘어가, 앞으로 가장 많은 왕래가 이루어지는 국가가 될 것이다.

● **한중일 항공여객추이**

구 분	한국 ⇔ 중국	한국 ⇔ 일본	한국 ⇔ 미국
2001년	299만5천 명	737만9천 명	260만1천 명
2002년	397만9천 명	987만5천 명	254만2천 명
2003년	478만3천 명	703만4천 명	259만1천 명

〈자료 : 한국공항공사〉

또한 일본에서도 해외 여행지로 가장 많이 찾는 나라는 중국과 한국이다.

일본인의 해외 여행지로는 중국이 근래 연속 3년간 1위 자리를 차지하고 있다. 그 다음 2위가 한국이다.

2003년도 중국의 사스 등 많은 장애 요인으로 전년 대비 전체 관광객 수가 19.5%가 감소되긴 했으나, 일본에서 중국을 찾은 여행자 수는 2,252,266명으로 집계 되었다.

중국 정부도 일본 관광객을 적극적으로 유치하기 위해 비자를 면제를 해주는 등 많은 정책적 배려를 하고 있어 향후 일본인의 중국 관광은 계속 늘어갈 것이다.

또한 일본을 찾는 한국 관광객의 수도 최근 급증하고 있다.

●2003년 한중일간 유학생 현황

(단위 : 명)

국가 유학생수	한 국			중 국			일 본		
	유학생 총 수	중국 학생	일본 학생	유학생 총 수	한국 학생	일본 학생	유학생 총 수	중국 학생	한국 학생
유학생수	12,314	5,607	2,486	77,715	35,353	12,765	109,508	70,814	15,871
점유율	비율	46%	20%	비율	45%	16%	비율	64.1%	14.5%

통계에 따르면 지난 2003년 한국인 91만7,000명이 일본을 방문, 외국인 관광객 1위를 차지하고 있다.

반대로 한국을 찾는 일본과 중국관광객 수는 2003년에 일본인 1,802,171명으로 전체 관광객의 38%로 1위를 차지했다.

그 다음이 중국인으로 513,236명이 방문, 전체의 11%를 차지하고 있어 일본과 중국의 두 국가가 한국을 찾는 외국인 중 절반에 가까운 49%를 차지하고 있다. 이것은 한국과 이웃 두 국가의 인적교류가 얼마나 활발히 이루어지고 있는 가를 여실히 보여주고 있다.

앞으로도 한국과 일본의 많은 문화교류에 따른 인적교류가 활발히 이루어 질 것으로 예상된다.

특히 3국간의 유학생 교류도 활발하여 각국에서의 외국 유학생 중 한 · 중 · 일 3국 유학생 비율이 가장 높게 나타나고 있다.

한·중·일 교육시장의 자화상

한국교육시장의 모습

교육 자원의 급격한 변화

최근 한국 사회에서 가장 큰 변화를 보이고 있는 것은 경제적 발전과 다변화에 따른 가족 구조 변화이다.

1960년대 이전만해도 대가족 중심의 씨족사회 같은 농촌 인구가 대부분이였으나 1970년대 이후 비약적인 경제 발전과 함께 농촌에서 도시로 인구의 이동은 한국 사회의 큰 변화를 가져왔다.

이후 1980년대, 1990년대, 특히 IMF를 거치면서 사회의 전반적 구조의 변화는 물론이고 한국이 그동안 가지고 있던 가족관에 대한 인식의 대변화도 있었다.

이런 급변한 사회 구조와 변화된 가족관은 한국 사회에서 출산율 저하로 학생 및 청년 인구의 감소 현상으로 나타나게 되었다.

한국여성이 결혼 후 아이를 낳는 출산율이 1960년에 평균 6명 정도이던 것이 2002년에 1.17명으로 떨어지게 되어 세계에서 가장 낮은 출산율을 기록하고 있다.

어느 사회나 기본이 되는 것이 가족 관계인 것을 감안할 때 약 40여 년 만의 이같은 수치는 급속한 산업 사회의 진입과 도시생활에 따른 핵가족 현상의 심화로 가족 구조의 변화를 나타내는 것이다. 즉 그것은 그동안 한국 사회가 얼마나 변화했는 가를 단적으로 보여주고 있다.

●한국의 출산율 변화

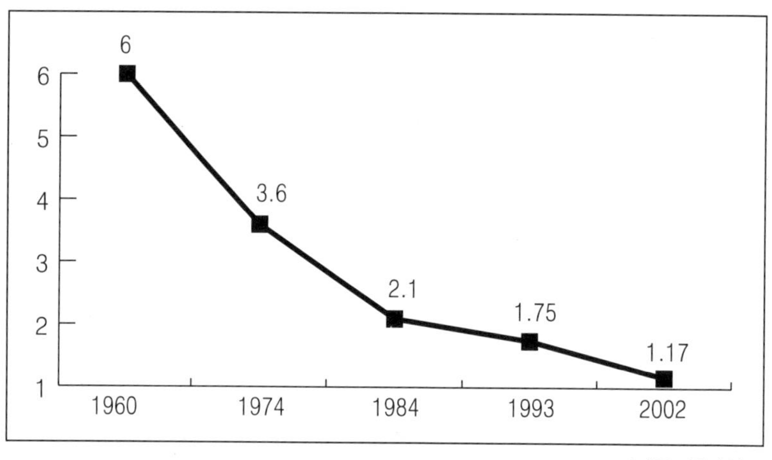

〈자료 : 통계청〉

한국 사회의 가족관에 대한 변화는 청년층의 만혼, 결혼 기피, 결혼 후 저출산 등으로 이어지고 있다.

얼마전 실시한 모여자 대학 설문조사에 따르면, 결혼 후 자녀를 갖을 계획을 묻는 질문에 31.5%가 자녀를 낳지 않겠다고 응답해 자녀 출산에 대한 한국 여성들의 가치관이 급속히 변하고 있다는 것을 알 수 있다.

이러한 저출산 경향으로 2002년 출생아 수는 49만5,000명으로 2001년 55만7,000명에 비해 11.1%가 감소했다. 또한 결혼 후 저출산 현상 못지않게 결혼 자체를 기피하는 현상까지 생겨 나홀로 사는 독가(獨家)층이 크게 증가했다.

전국 인구센서스 조사에 따르면 2000년 한국의 나홀로 사는 1인 가구는 2백22만 가구로 전체 가구의 15.4%를 차지, 이는 1995년 대비 34.5%나 늘어난 수치이다.

그 독가(獨家) 중에서도 결혼을 하지 않은 미혼(未婚) 상태인 1인 가구가 절반에 가까운 43.5%를 차지, 한국 사회가 결혼 안하고 나홀로 사는 사회로 진입하고 있다는 것을 보여주고 있다.

이런 사회전반으로 흐르는 결혼 기피현상과 저출산 풍조는 한국의 인구 감소로 직접 이어지고있다.

만약 특별한 대책 없이 이런 추세가 계속된다면, 한국의 인구는 전체 인구의 급격한 감소와 저출산으로 인한 청년 인구감소, 60세 이상의 고령 인구증가의 비정상적인 인구 구조를 갖을 수밖에 없을 것이다.

이러한 실제적 인구 감소는 학생층을 구성하는 만 6~21세 사이의 학령(學齡) 인구가 급격히 감소되어 24년 전에 비해 364만 명이 줄어든 1075만 명이다.

또한 전체인구에서 18세 이하 청소년층이 차지하는 비중도 1965

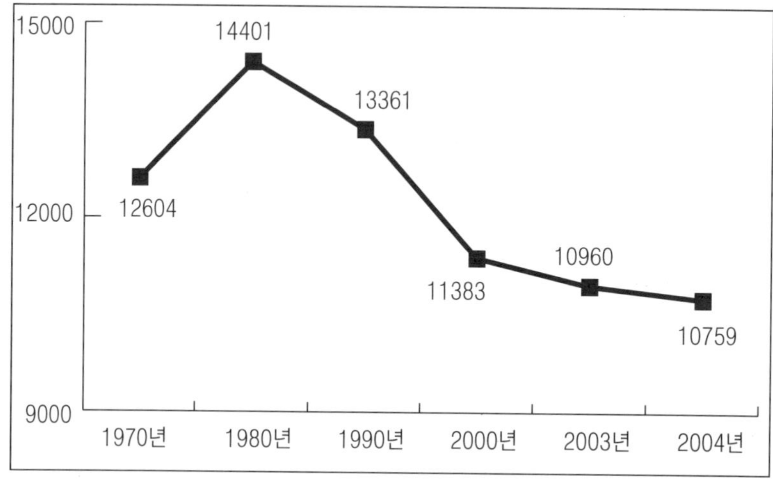

년 51.3%에서 2003년 25.1%로 급격히 떨어지게 되었다.

인구의 감소는 한국의 대학을 지원하는 학생 자원의 감소로 직결

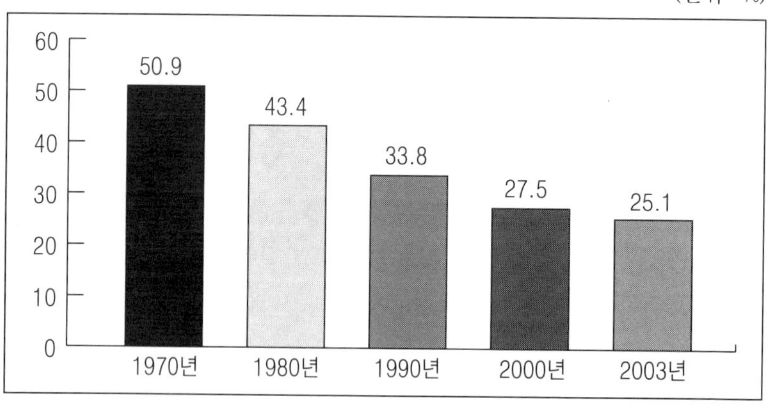

되어 대학입학 학생 정원 부족현상을 가져오고 있다. 현재 대입정원이 4년제, 전문대, 산업대, 교육대를 합쳐 66만 명 (수도권 21만 명, 비수도권 45만 명)이지만, 2002년 출생한 49만 명이 성장 후 대학에 입학할 2021년에는 전체 출생자 중 85%인 42만 명 정도가 대학 진학을 한다고 가정할 때 현재 대학입학 정원 대비 24만 명이나 학생이 부족하게 된다.

지금도 입학 정원을 못채우는 학교가 속출, 그 문제가 파생되고 있는데 이에대한 빠른 대책 없이는 인구감소에 의한 입학정원의 감소는 앞으로 한국 대학 사회의 크나큰 문제로 대두할 것이다. 실제로 2003년에는 정원을 절반도 채우지 못한 대학은 4년제 대학의 경우 13개 대학, 전문대학은 16개 대학에 달했다.

●대입 수능시험 응시자 추이

년 도	2000년초	2001년	2002년	2003년	2004년
인원수	858,366명	849,193명	718,441명	655,384명	650,346명

〈자료 : 통계청〉

●2004년도 대학 및 전문대학의 모집정원, 미충원현황

〈단위 : 명〉

구 분	모집정원	입학인원	결원인원	미충원율	비고
4년제대학	411,561	363,425	48,136	11.7%	
전문대학	277,155	225,283	51,872	18.7%	
합 계	688,716	688,716	108,000	14.5%	

〈자료 : 교육인적자원부〉

특히 지방 대학은 더욱 심해 미충원율은 전북 소재 대학이 29%로 가장 높았으며, 전남 27%, 경북 26%, 강원 21%로 심각한 반면 수도권은 1.3%, 서울은 0.57%로 나타나고 있다.

● 2004년도 대학 및 전문대학의 모집정원, 미충원 현황

구 분	경 북	전 남	전 북	강 원	인 천	경 기	서 울
4년제 대학	18.5%	33%	28.8%	24%	2.6%	4%	1.5%
전문대학	40.2%	28.1%	34.5%	37.5%	0.6%	2.7%	—

〈자료 : 교육인적자원부〉

이제 한국 대학도 정원조차 채우지 못하는 문제에 봉착, 입학할 학생 자원 확보에 비상이 걸리는 상황을 맞이하고 있다.

한국의 학생 인구 감소 추세는 특별한 처방이 없는 한 학생 인구가 다시 증가될 것으로 보이지 않기 때문에 당분간 이 같은 현상은 계속 심화될 것으로 보여진다.

한국에는 최근 '이태백' 이라는 말이 유행이다.

이 말은 '이십대 태반은 직업이 없는 백수' 라는 뜻의 약칭이다.

사실 한국 국내 전체 실업자 78만8,000명의 절반에 가까운 35만 5,000명이 20대 연령의 청년실업자이다보니 '이태백' 라는 말이 무리도 아니다. 특히 청년실업에서 문제가 되는 것은 대졸 이상의 고학력 실업이 날로 증가된다는 것이다.

한국 전체 실업율이 2003년 2분기 현재 751만 명으로 3.3%에 이르고 있다. 그러나 대졸을 포함한 20~29세의 청년실업은 7.3%로 전체 실업율의 두배가 넘게 나타나고 있다.

2003년 8월에는 청년층 실업자 34만4,000명 중 대학 졸업자가 12만9,000명으로 청년 실업자의 37.8%를 차지하고 있다.

● 대졸 실업자 수 추이

〈단위 : 천 명〉

구 분	2000년	2001년	2002년	2003년8월
청년 실업	403	388	342	344
대졸 실업	121	127	123	129
대졸 비중(%)	30.0	32.7	36	37.5

〈자료 : 통계청〉

또한 한국의 청년실업 현상은 지역별로 큰 차이를 보이고 있다.

2003년 통계청이 발표한 청년층이 직장에 취직을 하는 취업율 자료를 보면 서울, 인천 등 수도권의 경우 전국 평균 청년취업율 41.2%

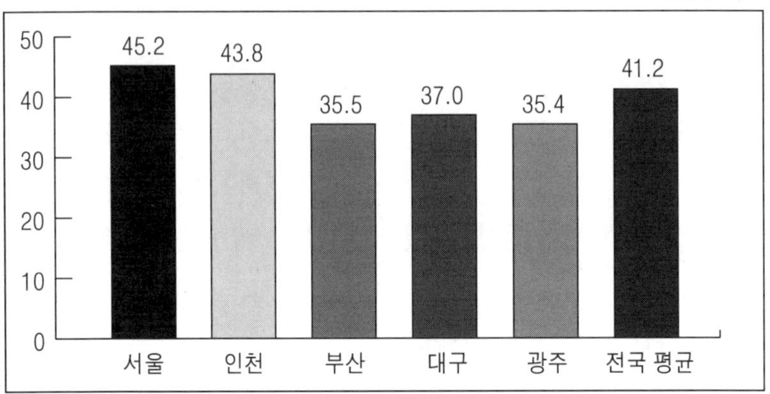

를 상회하는 청년취업율을 보인다.

그러나 부산, 광주 등 지방 도시의 취업율은 전국 평균보다 훨씬 밑돌고 있고, 그 차이 정도는 10% 이상이다.

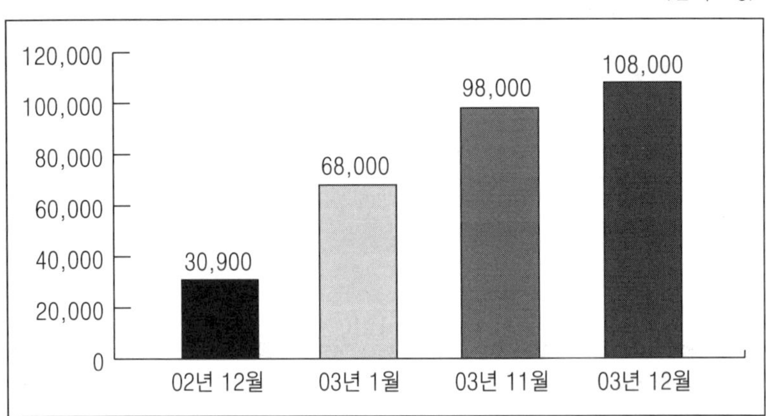

한국 청년층의 취업이 절반도 안되고 있는 상황에서 매년 쏟아져 나오는 신규 졸업생과 취업 재수, 삼수생이 겹쳐 한국의 취업 시장은 더욱 치열한 취업 전쟁을 치르고 있는 것이다.

신규 취업 시장에 도전하는 신규 대졸자가 보통 20여군데 이상의 회사에 이력서를 제출하거나 연속적인 낙방으로, 인생의 황금시기에 좌절과 절망을 겪는 젊은이들이 속출하는 불행한 사태를 맞고 있는 것이다.

계속적인 몇 년 간 취업 실패는 급기야 취업 자체를 아예 포기하는 층도 생겨나게 되었다.

통계청 자료를 보면 이런 취업 포기인원은 2002년 12월 현재 3만 명 수준에서 2003년 12월의 10만 명으로 나타나고 있어 지금 한국 청년들의 취업이 얼마나 힘든 가를 단적으로 보여주고 있다.

●4년제 대학수 증가

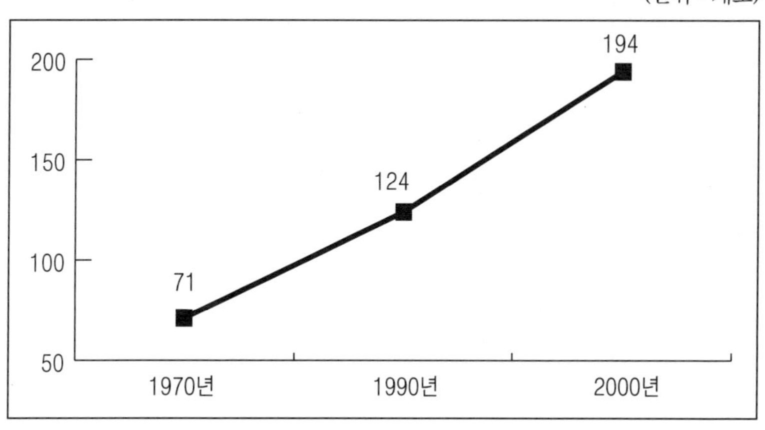

〈자료 : 통계청〉

이렇듯 한국사회를 무겁게 짓누루고 있는 청년실업 문제는 한국 경제가 고도성장을 지나 성장 정체 시기에 발생된 것이 주요 원인이지만, 1970년에 불과 71개에 지나지 않던 4년제 대학이 2000년에 이르러 무려 123개가 늘어, 총 194개 대학 대학생의 대량 양산도 가장 큰 원인이다.

대학수의 증가뿐만 아니라 한국 미래 산업사회에 대한 예측이 부족한 상태에서 1980년대 이후 대학 정원의 급속한 증가로 인력의 공급과 수요의 불균형도 큰 요인이다.

실제로 이러한 대학 수의 증가와 대학 정원의 증가로 대학 졸업자가 2000년 21만4,000명에서 2003년에는 35만8,000명으로, 2005년에는 57만 명이 될 것으로 예상되고 있다.

●대졸 인구 추이

(단위 : 만 명)

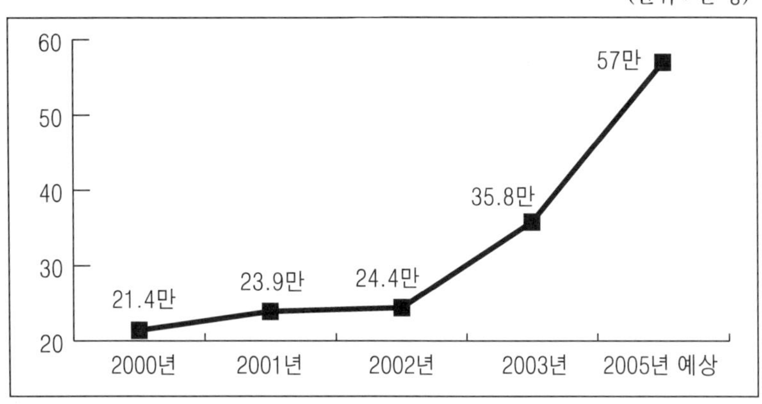

〈자료 : 교육인적자원부〉

이같이 급증한 대졸인원에 비해 이를 수용할 기업체가 적은 것도 인력채용 시장의 불균형을 가져오고있다.

실제로 한국의 최대 인력 수용처인 제조업을 포함한 많은 기업들이 한국을 떠나고 있어 더욱더 앞으로의 한국 취업시장의 전망을 어둡게 하고 있다.

IMF 이후 우리 기업체들은 1년에 약 1,000개 정도의 기업이 해외로 생산 설비를 이전해 나갔다. 여기에 신고하지 않고 직접 현금을 투자하는 기업까지 합치면 이보다 훨씬 많을 것이다.

그 중 많은 기업체가 중국으로 몰리고 있다.

1998년 이후 해외로 설비 이전을 한 기업체 중 71%가 중국으로 이전해 갔으며, 지금 이 순간에도 하루에 평균 3개의 기업체가 중국으로 이전을 하고 있다.

이렇게 기업체가 해외로, 그것도 중국으로 나가는 것은 과거와 같이 중국의 싼 인건비를 보고 가는 것은 결코 아니다.

한국의 각종 기업 여건의 악화로 한국에 있으면 그냥 죽을 것 같고, 중국에 가면 그나마 생명을 연장하고 떠오르는 중국시장에 진출할 수 있는 기회가 될 수 있을 것이라는 판단 때문이다.

즉 한국기업체의 살아남기 위한 엑소더스이다.

이렇듯 많은 생산 설비의 해외 이전에 따른 한국 내 제조 산업의 공동화는 필연적이다.

어느 국가나 제조산업이 발달해야 많은 인력을 고용 할 수 있다.

제품을 생산하기 위한 생산직이 있으면, 이를 관리할 관리직도 필요하고, 만든 제품을 팔기 위한 내수영업직과 수출직, A/S맨 등의 고용효과를 낼 수 있다. 그러나 한국의 이러한 제조 산업의 공동화로 한국의 고용시장은 더욱 암울하게 될 것이며 특히 대졸 이상의 고학력자들의 취업은 더욱 어려워 질 것이다.

그렇다고 한국의 일자리가 전혀 없는 것은 아니다.

특히 한쪽에선 취업난으로 고통을 얻고있는 반면, 또다른 한편에
선 일 할 사람을 못구해서 쩔쩔매는 인력 시장의 불균형 현상이 드러
나고 있다. 현재 한국의 많은 중소기업 인력난은 여전하다.

2003년 4월 1일 기준 노동부 중소기업 인력수 실태를 보면 현재 부
족한 노동인력은 14만1,000명으로 장치 기계조작원 등 현장직의 수
요는 더욱 모자라 고학력 실업자와 제조 현장직 부족 현상은 한국 사
회의 양극화 현상으로 드러나고 있다.

●국내 제조업 취업자수

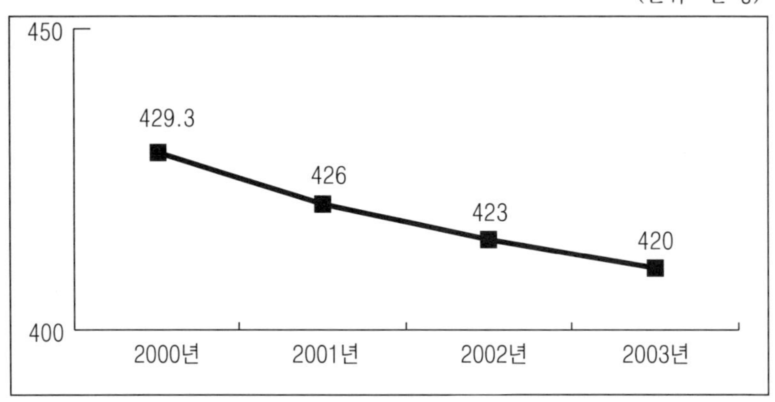

〈자료 : 통계청〉

고학력 박사학위 소지자 5명 중 3명은 대학의 전임강사 자리도 못
맡고있는 실정이다. 이러한 현상은 고학력자들의 피튀기는 경쟁뿐만
아니라, 취업에 실패한 고학력자들의 사회에 대한 자신감 상실로 이
어져 사회의 커다란 문제를 야기할 것이다.

얼마전 한국의 모은행에서 신규행원 70명 모집에 무려 1만22명이 지원해 143대 1의 경쟁율을 기록하기도 했다.

입행시험에 참가한 사람 중 최고의 학력층이라고 할 수 있는 공인 회계사가 135명, 미국 공인회계사 (AICPA) 150명, 석사학위 소지자 1,004명, 토익(TOEIC) 만점자 12명, 900점 이상자가 1,500명이 지원 했다는 기사는 한국의 고학력 취업난은 감히 상상하기가 어려운 실 정임을 나타낸다.

●사업체 규모별 근로자 부족 인원수

(기준 2003년4월1일 / 단위 : 명)

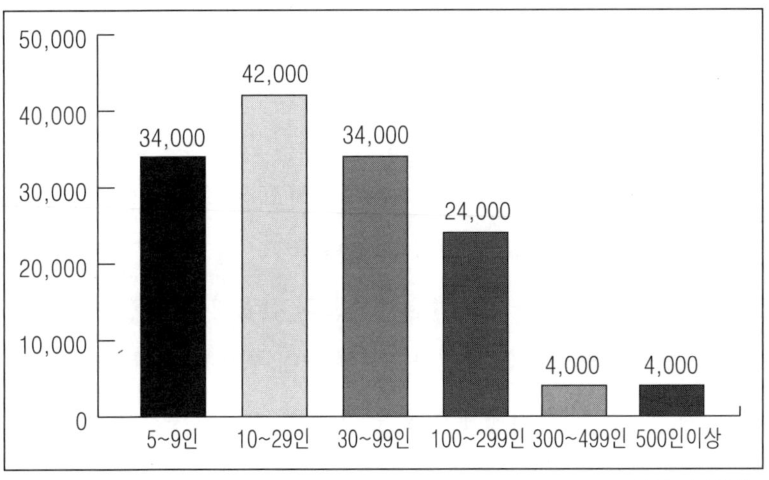

〈자료 : 노동부〉

더욱이 최근 한국의 제조업 공동화 현상을 부추기는 한국 제조업 의 해외 진출 특히 중국 진출은 한국의 고용 시장을 더욱 악화시킬뿐 만 아니라, 앞으로의 고용시장 회복에 어두운 그림자를 던져주고있 다.

한국은 국토는 작고 인구가 많고 자원이 없는 나라다. 그래서 한국이 살아갈 수 있는 방법은 오로지 사람 밖에 없다는 이야기를 해 왔다.

즉 한국이 갖고있는 것은 한국인 특유의 기질인 근면하고 머리 좋은 사람을 육성해 '세계경쟁력을 기를 수밖에 없다'고 항상 교육을 받아왔던 것이다.

필자가 중·고등학교 다닐 시절에만 해도 '과학기술입국' 이라는 구호가 학교나 관공서 등에 여기저기 내걸렸던 기억을 갖고 있다.

그무렵 한국인 모두가 한국이 살아남기 위해선 오로지 과학기술에 집중 투자하여 남보다 우수한 기술력을 길러야 된다고 생각해 왔다.

그런 노력의 결과로 특수목적고인 과학고를 만들고 KAIST, 포항공대 등을 만들어 세계 속의 '과학기술입국' 의 열정을 불태웠다.

그러나 한국 사회가 선진국형 사회로의 전환에 따른 힘든 일을 싫어하는 편의주의 사고의 보편화와 1990년대 후반 IMF를 거치면서 수많은 제조업이 하루 아침에 문을 닫게 되어 기술직 엔지니어들이 한순간 실업자가 되면서 상황은 달라지기 시작했다.

IMF 무렵 이공계 출신의 부모들은 당시 중고등학교에 다니는 자녀에게 나와같은 불행한 행로를 밟지말라고 부탁했으며, 이를 지켜본 자녀들은 이공계 출신 아빠의 무기력한 모습에 진로를 보다 안정적인 쪽을 선호하기 시작했다.

자격증으로 신분이 보장되는 변호사나 의사가 되고자 하는 사회전반적인 풍조가 생기기 시작한 것이다.

사실 이공계 기피현상은 비단 한국에서만의 문제가 아니다. 과거 선진국가에서도 경제성장 과정에서 발생했다. 독일에서는 1990년대 접어들어 이공계 기피현상이 발생되었으나 정부와 학교의 공동 노력으로 회복되었다.

미국은 1980년대 들어 제조업 경쟁력이 일본에 뒤처지기 시작했다. 과학기술 관련 희망자가 78년 9.5%에서 86년 7%로 하락했으며 곧 '기술력 1위' 자리를 일본에 내주어야 했다. 그러자 미국 정부에서 기술 교육에 대한 정책 추진으로 1997년부터 이공계 지원자가 증가하였다.

일본도 1980년대 말, 1990년대 초 무렵에 이공계 기피현상이 발생했다. 일본정부는 '과학기술 창조입국' 이란 슬로건을 내걸고 과학기술 인력 양성에 총력을 기해 이공계 석, 박사 과정 학생에 대한 경제적 지원 등을 실시했다.

영국에서도 1990년 초부터 생긴 이공계 기피현상을 정부와 과학 관련 단체들이 과학에 대한 흥미와 과학자에 대한 자부심을 불러일으키는 이벤트를 통하여 분위기를 반전해 갔다.

그러나 이들 선진국가들은 모두 경제 성장의 성숙 단계인 국민소득 2만 달러 수준에서 이공계 기피 현상이 발생되었고 정부, 사회단체 등의 적극적인 대응 자세로 이를 극복했다는 공통적인 점을 갖고 있다.

한국은 국민소득 1만 달러 수준에서 심각한 이공계 기피현상이 발생, 과연 이를 어떻게 극복할 것인가가 크나큰 문제이다.

●연도별 자연계 응시자 비율

(단위 : %)

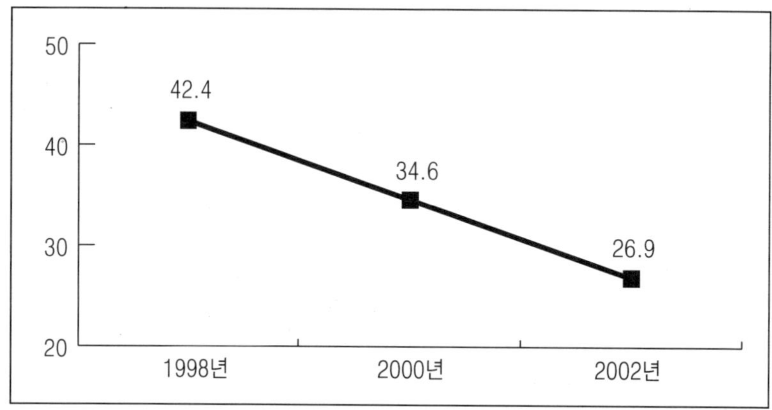

〈자료 : 교육인적자원부〉

어쩌면 한국은 아직 제대로 성장하기 전에 성장이 멈쳐버린 조숙아가 되어버린 셈이다.

이런 이공계기피 현상은 1998년도 대학 수학시험에서 자연계 응시자 비율이 42.4%에서 2000년에는 34.6%, 2002년도 26.9% 로 급격히 떨어지는 것으로 확연히 증명되고 있다.

또한 한국과학 문화재단 조사에 의하면, 대학입시를 앞둔 청소년을 대상으로 이공계 선호 및 기피에 대한 설문 조사에 참가한 170만 학생 중 53% 이상이 이공계 기피현상의 이유로 수학과 과학 등의 공부가 어렵다는 답을 했다.

이는 이공계 출신이 사회에서 낮은 대우를 받고 좁은 취업율도 문제가 되겠지만 입시 위주의 학교 수업에서 어렵고 힘든 수학, 과학분야가 문과 과목에 비해 제대로 흥미를 주지 못하는 것도 큰 요인인 셈이다.

60

그러나 대학 자체에서 이공계대학을 특성화시키지 못하고 범용(凡用) 이공계대학을 유지하고 있다는 지적도 많이 나오고 있다.

기업에서는 대학 졸업자가 기업에서 실제 현장에 투입하여 사용할 수 있는 교양 과정 정도 수준인 범용(凡用) 이공계 출신으로 쓸만한 기술인재가 없어 대학을 갓 졸업한 이공계 출신보다는 차라리 기업에 들어와 몇 년 간 기업식 교육을 받은 인재가 더 유용하다고 말하고 있다.

결국 이공계대학이 졸업 후 사용할 수 없는 어정쩡한 인력만 양산하고 있는 있다는 것이다.

산업연구원(KIET) 조사에 따르면 2002년 기준 107개 주요 공과대학 가운데 76.6% 인 82개 대학이 특성없는 범용(凡用) 교육을 하는 학부중심 체제로 운영하고 있고 기업과 공동연구 등 산학협력을 하는 대학은 40% 밖에 안되는 것으로 나타났다.

또한 기업에도 불만은 많다. 기업에서 필요한 프로젝트를 학교에 맡기면 실제 활용 될 수 있는 내용보다도 지나치게 학술적인 내용만 강조한 연구 결과만을 낸다는 것이다.

그러다보니 기업이 학교에 연구 프로젝트를 맡기는 것도, 대학에 과감히 투자하는 것도 꺼려하는 대학과 기업이 따로가는 현상이 나타나고 있다. 이에 따라 이공계 대학이 사회에 진출하기 위한 이공계 교양과정으로 밖에 안되는 상황으로 점점 전락되는 것이다.

하지만 우리의 주변 국가인 중국은 역대 최고 지도자들의 대부분이 이공계 출신이고, 현재의 후진타오 국가주석뿐만 아니라 정치국 상무위원 9명 전원이 이공계 출신이다.

한국의 경우 역대 대통령 중 실제로 이공계 출신은 단 한 명도 없는 것과는 좋은 대조를 이룬다.

이러한 사회적 분위기와 이공계 출신들이 제대로 대우를 못받고 있는 환경에서는 우수한 학생들이 사회적으로 나은 신분과 안정적 직장이라고 생각하는 변호사, 의사로 몰릴 수밖에 없는 것이다

또하나 문제점으로는 한국의 이공계 양성이 시장수요를 생각하지 않고 무모하게 정원만 늘린 것도 하나의 원인이다.

2002년 한국의 공대 졸업생은 6만5,522명에 이른다.

이는 공대 수가 한국의 5배를 웃도는 미국의 연간 공대 졸업생 6만 여명 보다 많은 숫자이다. 2002년 산업연구원(KIET)조사에 따르면 한국 국내 기업의 이공계 인력수요는 연간 4만 명 정도였다.

그러다보니 일자리를 찾지 못한 이공계출신이 늘어갈 수밖에 없는 현실이다.

더욱이 한국 제조업의 중국 이전에 따른 산업공동화 현상으로 비추어 볼 때 이공계 육성이 양보다는 질적 향상을 추구하지 않는 한 앞으로 계속적인 이공계 출신의 취업 문제, 대우 문제 등으로 인한 이공계 기피현상이 지속될 것이다.

최근 일본 국제과학진흥재단이 한중일, 3개국의 대학 1, 4학년생의 학력을 평가한 결과 한국이 이공계 기초과목인 수학, 물리, 화학 등 모든 분야에서 꼴찌를 기록했다.

이 조사는 한중일 각국 학교(2~4개교)의 성적 상위층 학생 2,200명을 대상으로 조사했는데 전반적으로 중국 이공계 학생이 압도적으로 우수한 것으로 평가되었다.

●한중일 이공계학생 성적 평가비교

〈기준 : 100점 만점기준〉

구 분	학 년	중 국	일 본	한 국	비 고
수 학	대학1학년	31.6~35.6점	10~47.4점	1.3~16점	
	대학4학년	33.9~44.7점	10.5~43.5점	8.6~26점	

〈자료 : 일본 국제과학 진흥재단〉

대학 4학년 화학의 경우 중국이 평균 61점으로 가장 높으며, 일본 58점, 한국 43점, 생물의 경우도 중국 63.1~75.2점, 일본 61.6~81.7점, 한국 51.5~69.9점으로 한국이 꼴찌를 차지했다.

물리의 경우도 중국과 일본의 대학생이 비슷한 성적대를 형성한 반면 한국이 가장 뒤졌다.

또한 2004년 7월, 그리스의 아테네에서 세계 85개국 500여명의 학생대표가 참가한 제45회 국제수학올림피아드(IMO)에서도 중국이 1위에 올랐으며, 미국 2위, 러시아 3위, 일본 8위에 이어 한국은 12위를 차지해 한중일, 3국에서 한국의 수학 실력이 제일 뒤처지는 것으로 나타난다.

또한 한국의 4년제 대학 휴학생 가운데 공학 계열의 학생이 가장 많은 것으로 조사되었다. 한국교육개발원이 2003년 4월 기준으로 조사한 결과 계열별 휴학생 비율은 공학 계열이 전체의 38.8%로 가장 높아 공대생 10명 중 4명은 휴학한 것으로 조사되고 있다.

휴학의 원인은 여러 가지가 있지만, 이공계 기피현상에 따른 학습 의지가 부족해져 생기는 원인이 가장 많은 것으로 파악되고 있다.

또한 공대 휴학 후 의·치대, 한의대 등으로 진로를 바꾸어 진학을

준비하거나 재학하더라도 졸업 후 의·치대 전문대학원을 지원하기
위해 전문 학원에 수강하는 일이 많은 것으로 조사되고 있다.

서울의 한 전문 학원에서 조사한 결과를 보면 의·치대 전문대학
원에 들어가려는 대학생들의 출신 분포를 보면, 이공계 출신 대학생
이 전체의 78%로 나타나고 있다.

●의·치학 전문대학원에 들어가려는 대학생들의 출신계열 분포

(단위 : %)

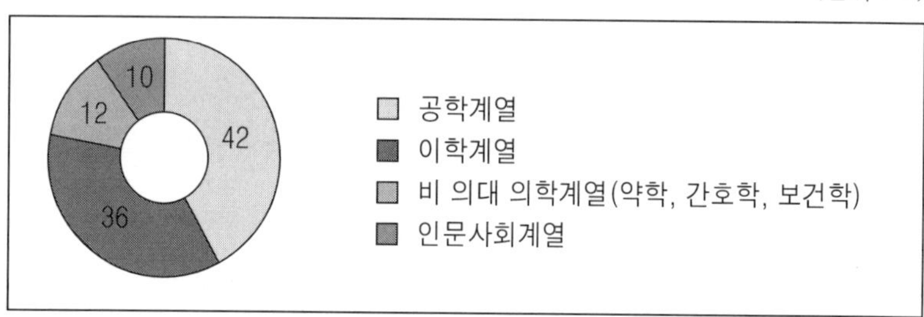

〈자료 : 서울 미디컬스쿨(의, 치학 전문대학원입시학원 다니는 수험생 300명 대상조사)〉

이렇듯 한국의 이공계학생들이 대학을 다니면서 자부심을 갖지 못
하고 기회가 되면 진로를 다른 길로 바꾸고자 하는 경향이 많은 분위
기 속에서 고교를 졸업한 우수 학생들이 이공계 진학을 기피하는 경
향은 어쩌면 당연한 결과라고 보여진다.

한국 교육의 문제점을 얘기할 때 가장 먼저 나오는 튀어나오는 말은 한국 사교육의 문제점이다.

많은 사람들은 한국의 사교육이 공교육을 앞지른 특이한 국가라고 얘기한다.

또 일부에선 공교육이 제 역할을 못해서 사교육이 어쩔수 없는 대안이라고 말하는 사람들도 있다.

한국은 왜 공교육이 제자리를 못잡고 사교육이 득세하는 사회가 되었는가.

공교육과 사교육의 불분명한 역할 속에서 무엇보다도 부모는 당장 과도한 사교육비로 인한 경제적인 부담으로 가게는 멍들고 심지어는 가정을 무너뜨리기도 한다.

한국교육개발원이 조사 발표한 한국의 사교육 현황을 보면 전국 초중고학생의 72.6%가 학원 수강과 과외를 받는 것으로 조사되고 있다.

이렇게 사교육을 받는 학생 증가로 한국의 사교육 시장은 날로 팽창, 2003년 사교육 시장 규모는 13조6,000억원에 이르고 있으며, 시장 규모의 성장 속도도 빨라져 최근 3년간 매년 2조 원 씩 증가되었다.

그러나 이는 취학 전 사교육비를 감안하지 않은 것으로 만약 취학 전 사교육 시장 규모까지 합치면 이보다 훨씬 큰 규모인 것으로 추정된다.

특히 학생 1인당 연평균 사교육비는 285만3,000원으로 집계되어 평균 매월 23만8,000원 씩을 사교육비로 지불하게 된다.

그중 초등학교 사교육비가 차지하는 비중이 가장 커 전체 사교육 시장규모인 13조6,000억 절반이 넘는 7조1,643억 원으로 학부모들의 어린 아동에 대한 교육비 지출이 크다는 것을 알 수 있다.

그 다음에 중학교 4조769억 원, 인문고 2조2,326억 원, 실업고 1,747억 원 순이다.

●1인당 2003년 월평균 사교육비 현황

(2003년/단위 : 원)

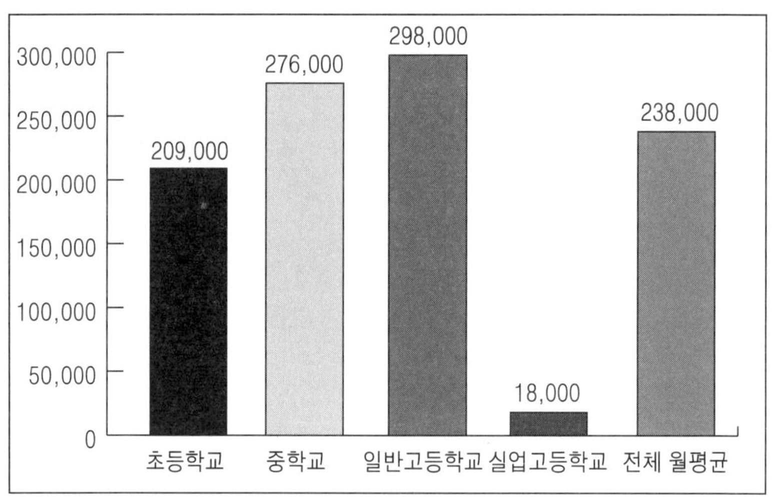

〈자료 : 한국 교육개발원〉

사교육을 받는 비율에서도 초등학교가 83.1%를 차지해 초등학생 의 거의 대다수가 사교육을 받는 것으로 나타났다.

중학교 경우 75.3%, 일반고 56.4%, 실업고 19.2%로 나타났다.

사교육비가 가구당 수입 중에서 차지하는 비중이 10~19%라고 답

을 한 가구는 전체의 약 35%, 가구당 수입의 30~39%를 차지한다고
답한 가구도 14.3%가 되는 것으로 나타나 한국 사회에서 사교육비가
가계에 얼마나 큰 비중을 차지하는 가를 보여주고있다.

●가구수입 중 사교육비가 차지하는 비중

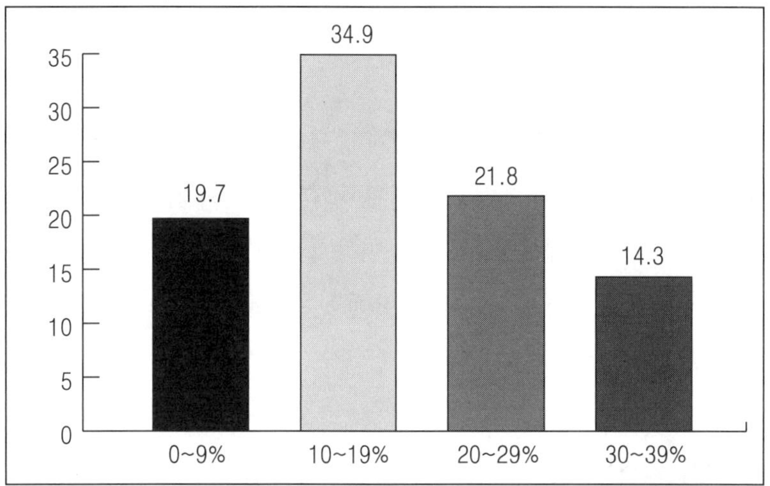

〈자료 : 한국교육 개발원〉

사교육비의 지출 정도도 거주지별로 차이가 커서 서울 강남의 경
우 연간 1인당 사교육비는 478만 원으로 전국에서 가장 큰 비중을 나
타내고 있다.

최근 '강남특별공화국' 이라고 불리우는 것도 이런 이유일 것이다.

반면 시골의 읍면지역은 203만 원으로 서울 강남의 절반에도 미치
지 못하고 있다.

이는 사교육기관이 집중 된 지역적 특징일 수도 있지만 서울의 강
남 출신이 서울대학교 입학율에서 단연 앞서는 것을 보면 한국의 입

시제도가 사교육 시스템에 지배받고 있다는 것을 부인할 수 없을 것이다.

●거주지별 연간 1인당 사교육비

〈2003년/단위 : 만 원〉

서울강남	수도권	서울기타지역	광역시	중소도시	읍면지역
478	358	313	276	249	203

〈자료 : 한국교육개발원〉

한편, 한국은 사교육비 못지않게 공교육 비용도 OECD국가 중 교육비 부담율 1위를 차지하고 있어 한국 학부모들의 자녀 학비 부담이 영광스럽지 못한 세계상위권을 차지하고 있다.

결국 한국은 막대한 사교육과 이에 못지않는 공교육비는 학부모의 이중부담으로 작용되고 있다.

●국내 총생산 (GDP) 대비 국가별 교육비 부담

(단위 : %)

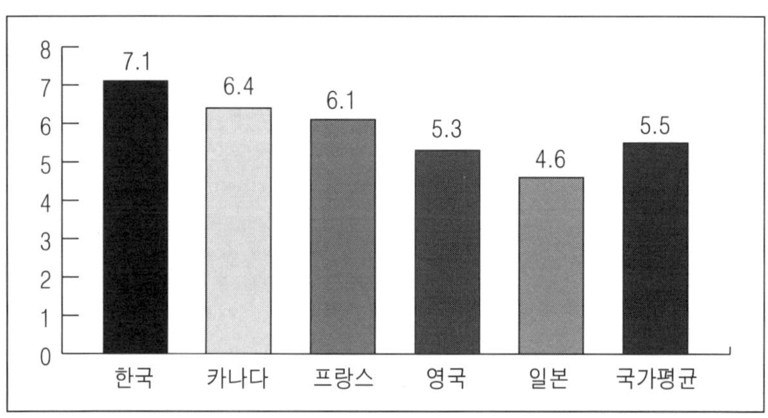

〈자료 : OECD 2003교육지표〉

　그럼에도 불구하고 기업들은 정작 필요로 하는 인재양성을 제대로 못한다고 불만을 토로하고 있다. 그래서 기업에서 신규 대졸자보다는 경력자를 선호하는 것은 한국의 교육이 대학을 들어가기 위한 것이고, 대학은 정작 사회에서 필요한 우수한 인재를 길러 내지 못하다는 단적인 증거인 셈이다.

　더욱이 최근 엄청난 자녀교육비 투입대비 실질적인 인재양성이 못되는 교육현실이 싫어 자녀를 해외로 조기 유학을 보내고 쓸쓸이 지내는 '기러기 아빠'를 양산하는 결과를 내는 것이다.

　이러한 근거는 한국교육개발원이 전국 초중고 학부모 500명을 대상으로 조기유학을 보내는 가장 큰 이유는 교육을 만족치 못해서와 과다한 사교육비 지출을 들고 있다.

●조기 유학을 보내는 이유

〈대상 : 전국 초, 중, 고교 학부모 500명/단위 : %〉

구분	학교생활 부적용 등 기타	외국어(영어) 실력형상 못해서	우리나라 교육에 만족치못해	과다한 사교육비 때문	지나친 학벌 사회풍토	국제 경쟁력 배양	자녀들의 미래 불확실
	21.5	18.2	17.8	17.0	12.3	7.7	5.5

〈자료 : 현국교육개발원(KEDI) 2002년〉

한국의 학생은 한국을 떠나고 있다.

외국에서 새롭고 앞선 학문과 기술을 배우고, 앞으로 국제화 시대에 살아남기 위해 어학을 배우러 너도나도 한국을 떠나고 있다.

하지만 한편으로는 과도한 교육비에 비해 교육의 질이 따라가지 못한 현실을 못마땅해 하고 그냥 한국교육과 한국장래의 비전이 없다고 판단되어 무작정 외국으로 떠나는 '탈한국교육(脫韓國敎育)현상' 이 생기고 있다.

이렇게 한국을 떠나는 학생수는 매년 증가하고 있다.

좋은 방향에서 한국을 떠나든 한국이 싫어서 떠나든 한 해에 엄청

●한국의 해외유학생 추이

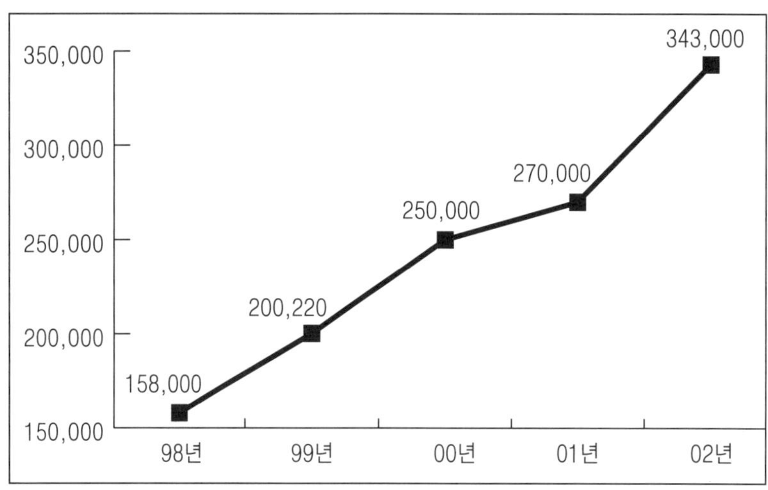

난 숫자의 학생이 한국을 떠나가고 있다. 1998년만 해도 해외유학 및 연수를 떠난 학생수는 15만8,000명 수준에서 2002년 약 2배 수준인 34만3,000명이 외국으로 유학 또는 연수를 하기 위해 한국을 떠나갔다.

이는 대학 및 대학원 진학을 위한 유학과 대학생들의 외국어습득을 위한 해외 연수는 긍정적인 측면도 있지만, 초중고생들이 대거 외국으로 유학을 떠나는 조기 유학도 매년 급속히 늘어가는 것을 보면 분명 지금의 한국 교육은 한국민에게 희망과 만족을 못주는 것으로 보여진다.

●초중고생의 해외유학 추이

(단위 : 명)

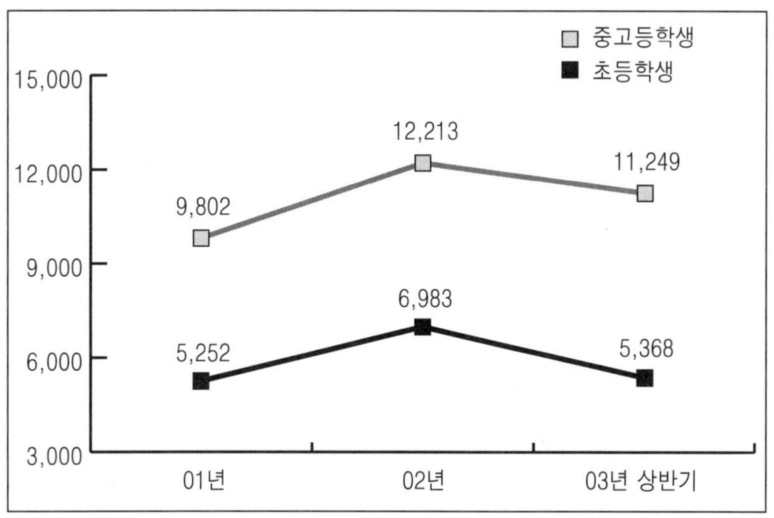

〈자료 : 교육인적자원부〉

이런 조기 유학은 그나마 부모가 해외에서 근무하거나 이민을 떠나기 때문에 부모와 동반, 유학을 가는 경우는 어쩔 수 없는 상황이라

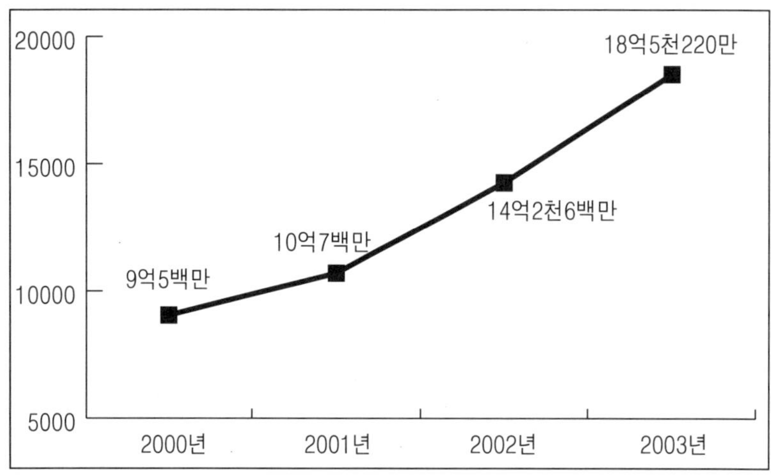

고 할 수 있다. 그러나 나홀로 떠나는 조기 유학의 경우는 진정 한국의 교육이 학생과 부모에게 매력을 주지 못해 내린 어려운 판단이었으리라 생각된다

2003년 상반기만해도 조기유학으로 해외에 나간 학생은 1만6,617명에 달하고있다.

그 중 초등학생이 2000년 705명에서 2002년 3,464명으로 2년만에 약 5배로 급증한 것은 한국의 조기유학 열풍이 얼마나 큰가를 보여주고 있다. 그래서 지금 한국의 분위기는 한국을 떠날 수 있는 조건만 되면 떠나는 것이 상책이라는 현상까지 생기고 있는 실정이다. 분명 한국은 한국 교육의 엑소더스라고 볼 수밖에 없다.

이렇게 떠나는 한국학생들의 증가는 학비, 생활비, 여행비 등 엄청난 비용의 지출을 유발한다.

　한국은행에서 발표한 자료를 보면 연간 유학 연수용으로 송금된 대외 지급액은 1999년 9억1,000만 달러, 2000년 9억500만 달러, 2001년 10억700만달러, 2002년 14억2,600만 달러, 2003년에 이르러 18억5,220만 달러로 3년만에 2배 수준으로 급증하였다.

　하지만, 한국은행에서 집계한 연간 유학연수용으로 송금한 대외지급액과는 별도로 한국무역협회가 미국, 호주 등 주요 유학국가들의 1인당 연간 유학비용을 조사한 결과 2002년 한해 해외유학 및 연수생은 34만3,000명이 나갔으며 이들이 외국에서 사용한 현지 비용은 45억8,000만 달러 (약 5조7,000억 원)에 달한다고 발표했다. 이 비용은 교육인적자원부 1년 예산인 22조3,000억원의 26%, 2002년 무역투자액 108억 달러의 42.4%에 해당되는 엄청난 수치이다.

　반면 2002년 같은 기간에 국내로 들어 온 외국유학생이 쓴 액수는 2,000만 달러에 불과, 유학비 역조가 얼마나 심한 가를 보여주고 있다.

한국의 교육이 엑소더스라고 부를 만큼 많은 학생이 해외로 나가면서 많은 교육비용이 해외로 유출되고, 외국유학을 가는 부유층과 그렇지 못한 계층간의 위화감 발생으로 인한 사회적 갈등 요인도 생기고 있다. 그러나 반대로 해외에서 한국으로 유학을 오는 외국인 유학생은 극히 적어 OECD 회원국 중 외국인 학생유치비율이 가장 낮은, 꼴찌를 차지하고 있다.

● OECD국가의 외국인 학생 유치비율

〈단위 : %〉

스위스	호주	영국	뉴질랜드	일본	OECD평균	한국
17%	13.9%	10.9%	6.2%	1.6%	5.3%	0.1%

〈자료 : 2003년 OECD자료〉

사실 한국은 그동안 유학을 나가는 국가였지 외국에서 한국으로 유학을 오는 나라는 아니었다. 우선 한국이 갖고 있는 여러 가지 조건 자체가 외국인이 와서 공부를 하기에는 그다지 매력적이지 못하다.

한국이 경제적으로 부강한 나라도 아니고 언어 역시 한국어를 배워서 한국 이외의 국가에서 비즈니스를 하기는 어려운 실정이다보니 자연히 외국인에게 한국의 유학은 큰 인기를 끌 수가 없는 조건이다.

그러다보니 한국에서의 '유학'이라는 단어는 한국인이 외국에 나가 공부하는 것을 의미하는 것이 더 강하며, 그동안 한국의 대학 역시 외국에서 한국으로 들어오는 유학에 대한 신경을 크게 쓰지 못한 것은 사실이다.

그러나 한국의 학생자원은 점점 적어지고 당분간 특별한 극약처방이 없는 한 한국의 학생자원이 늘어날 수 없는 것이 현실이다.

이제 한국 대학들도 최근 2~3년 전부터 우선 부족한 학생수를 채우겠다는 급한 마음으로 받고보자식의 외국학생을 받았들었다가 여러가지 부작용을 많이 낳고 있다.

우선 외국에서 학생을 받기 위해선 이에 대한 충분한 준비가 필요하다.

이것은 대학 자체적인 준비뿐만 아니라 선진 유학국가에 도달할 수 있는 법적 정비가 필요하다.

최근 그나마 IMF를 극복한 한국의 경제 성장, 월드컵 4강 신화, 중국 등 동남아의 한류 열풍 등에 힘을 입어 한국으로 유학을 희망하는 학생이 증가하고 있다.

그러나 준비없는 외국유학생 유치는 외국유학생의 불법이탈이라는 또다른 악순환을 낳기도 한다.

우리가 말하는 선진국 대학들은 외국유학생을 받기 위한 노력을 많이하고 있으며 이들에게는 유학생 유치 정도가 명문 대학의 기준이 되기도 한다.

실제로 세계 명문 대학은 외국인 유학생 비율이 한국 대학과는 비교가 안될 정도로 높게 나타나고 있다.

교육인적자원부가 발표한 '2003년 국내외 유학생통계'에 따르면 1백명 이상 외국인 학생을 유치한 대학은 200여 개 한국 대학 중에서 겨우 25개 대학에 불과한 것으로 집계되었다.

● 2003년도 외국인 학생유치 상위 25개교 현황

〈단위 : 명〉

순위	대학명	어학연수	2/4년제 대학과정	대학원		기타연수	전체합계
				석사	박사		
1	연세대	732	119	164	63	338	1,416
2	서울대	270	193	400	211	78	1,152
3	경희대	377	116	119	27	127	766
4	선문대	267	268	27	15	14	591
5	이화여대	421	53	44	9	0	527
6	고려대	217	75	125	66	0	483
7	한양대	143	141	55	27	2	368
8	한국외대	69	142	43	26	35	315
9	부산대	99	62	44	32	49	286
10	성균관대	135	66	60	21	0	282
11	신라대	1	227	8	0	0	236
12	서강대	167	48	14	4		233
13	조선대	12	130	46	23	0	211
14	충북대	68	35	67	21	0	191
15	충남대	0	42	87	59	0	188
16	전북대	0	50	88	40	0	178
17	강릉대	69	78	15	5	0	167
	경북대	12	25	56	64	10	167
18	대구대	79	60	14	4	0	157
19	배재대	40	47	29	5	7	128
20	동아대	0	41	30	12	35	118
21	인하대	0	27	36	48	0	111
22	한남대	33	49	11	9	0	102
23	중앙대	0	70	24	7	0	101
24	동양인재대	0	100	0	0	0	100

〈자료 : 통계청〉

얼마전 스위스 국제경영개발연구소(IMD)가 발표한 '2004년 세계 경쟁력 순위'에서 한국은 인구 2,000만 명 이상 30개 경제권 국가 중에서 15위를 차지했다.

이는 한국 주변 국가인 대만(4위), 말레이시아(5위), 중국(6위), 일본(9위), 중국(10위), 인도(14위)에도 밀리는 순위이다.

또한 2,000만 명 미만 소규모 경제권을 포함한 60개 경제권 국가 조사에서는 35위를 기록했다.

특히 조사 항목 중 한국의 대학교육이 경제적 수요를 충족하는 지를 묻는 항목에서는 최하위 수준인 59위로 나타났다.

IMD에 따르면, 한국은 대학 교육을 받은 인구 비율은 전세계 5위 수준으로 매우 높아 세계적인 학력 수준을 가지고 있음에도 불구하

●주요 60개 국가와 대비한 한국 대학의 평가 순위

해당 평가 지표		세계 순위
대학교육 이상 학력 수준		5위
GDP대비 총교육지출		52위
교육 인프라 부문		44위
경제효율성 기여도	교육 시스템	52위
	대학 교육	59위
재무교육		51위
역량있는 엔지니어 배출		52위
대학-기업간 지식 연계		59위

〈자료 : IMD2004〉

고 현실적인 한국의 대학교육이 경제나 기업의 효율성을 높이는데 기여하는 정도에서는 60개국 중 59위로 나타났다.

이런 결과는 우리가 그동안 양적 팽창에만 집중했던 교육 내용과 시스템이 얼마나 부실했는가를 단적으로 보여주고 있다.

이는 한국 대학 교육의 현주소를 말하는 것이며 동시에 교육경영 인프라도 하위권 수준에서 못벗어나는 것을 나타내는 것이다.

어느 나라나 대학 교육의 수준 정도가 그 나라의 국가 경쟁력을 대변해주고 있는 현실에 비추어 볼 때 교육시스템 경쟁력 수준과 대학 교육의 질적 수준이 국가 경쟁력을 올리는데 제 기능과 역할을 못하고 있음을 보여주고 있다.

또한 매년 미국과학정보연구소(ISI)에서는 세계 각 대학 및 연구소에서 과학기술논문색인(SCI)에 등재된 발표 논문 수에 대한 통계를 발표하는데, 이때 논문 발표 수와 내용별로 구분, 대학 간의 순위를 발표하게 된다.

과학기술논문색인(SCI)은 미국과학정보연구소(ISI)가 학술적 기여도가 높은 세계 과학기술관련 저널 3,800여 종에 수록된 논문을 분석한 자료로서 해당 대학의 기초과학 연구 수준을 측정하는데 활용된다.

여기에 발표한 각국의 대학 순위는 과학 분야의 대학간 전반적인

● 세계명문대학과 한국명문대학의 논문수 비교

하버드대(1위)	도쿄대(2위)	UCLA(3위)	서울대(35위)	연세대(152위)	KAIST(178위)
9,717편	7,284편	5,918편	3,062편	1,405편	1,237편

〈자료 : 교육인적자원부〉

질적 수준의 비교가 되는 참고 자료가 되기도 한다.

2003년 미국과학정보연구소(ISI)에서 발표한 자료에 의하면, 과학 분야의 논문 수에서 2003년 한 해에 300편 이상 논문을 발표한 세계 대학은 총 599개 대학이다.

한국 대학 중 300편 이상 등재 된 학교는 불과 19개 대학으로 전체의 3 % 밖에 차지하지 못하고 있다. SCI 2003 논문수 발표에 따르면 한국에서는 서울대가 3,062편으로 35위, 연세대가 1,405편으로 152위, KAIST가 1,237편으로 178위를 차지했다.

한국 내에서는 내로라는 최고의 대학들도 세계 무대에 서면 세계 명문 대학과의 질(質)적인 차이가 매우 크다는 것을 알 수있다.

이런 한국 교육의 낮은 질(質)적 수준에 비해 학부모들의 교육비 부담은 상대적으로 매우 높아 GDP 대비 학교교육비가 OECD국가 중에서 한국이 가장 높은 것으로 나타났다.

●GDP대비 학교교육비

국가	한국	미국	영국	일본	OECD평균
비율	7.1%	7.0%	5.3%	4.6%	5.5%

〈자료 : 2002년 OECD자료〉

결국 한국민이 느끼는 교육비의 경제부담에 비해 한국 학생들은 양질(良質)의 교육을 받지 못하는 셈이다.

중국 교육시장 모습들

중국 자녀 교육 열풍의 현장

동북아시아 3국이 갖는 공통 현상 중 하나는 자녀 교육에 대한 중시일 것이다. 중국도 예로부터 '맹모삼천지교'에서 볼 수 있듯이 자녀 교육을 가장 중요시하고 있다.

특히 오늘날 중국은 1979년부터 시행 된 한 가정 한 자녀라는 강력한 독생자(獨生子) 정책으로 지금 중국 가정에서 학교에 다니는 학생은 모두 독생자 정책 이후 태어난 세대다. 이들은 각 가정에서 '소황제(小皇帝)'로 자리를 잡고 교육 문제의 핵심으로 등장했다.

또한 중국의 비약적인 경제 성장과 함께 가정의 교육비 지출도 현격히 증가되어 1990년대 이래 중국 도시주민 가정의 교육소비 지출은 연평균 29.3%로의 속도로 늘어났다. 이러한 증가 속도는 중국의 가구당 수입이나 기타 소비지출 증가보다 빠르고 중국의 GDP(국내 총생산) 성장율을 앞지르고 있는 현실이다.

특히 대도시를 중심으로 교육비 지출이 급격히 늘어 베이징(北京)시의 경우 자녀 1명에 대한 교육비 지출 총액이 의식주(衣食住) 비용을 제외한 일반 생활비 중 가장 높은 것으로 조사되고 있다.

1997년부터 2002년까지 베이징 시민을 대상으로 설문조사 결과 베이징 시민의 가계지출 중 의식주 비용을 제외한 일반 생활비는 매년 15% 속도로 증가되고 있으며, 일반 생활비 중 교육비가 차지하는 비중은 절반에 가까운 49%에 달하는 것으로 나타났다.

이러한 대도시 시민의 교육비 지출 증가는 도시 자녀에게 양질(良質)의 교육환경을 제공, 상대적으로 열악한 중국의 농촌이나 중소 도시에도 영향을 미치게 되어 농촌이나 중소 도시의 주민들이 도시로 몰리게되는 현상을 불러 일으키고 있다.

이에 중국 정부는 농촌 인구의 대도시 유입을 막기 위해 강력한 호구제(戶口制)를 실시하고 있으나, 오로지 자녀 교육을 위한 부모의 마음을 꺾기엔 역부족인 것으로 알려지고 있다.

이런 자녀 교육을 위한 도시로의 과열 이동현상은 웃지 못할 촌극까지 연출하고 있다.

실례로 난징(南京)시에서는 새로이 설정되는 학교에 전학시키기 위해 위장 전입한 주소가 난징시내 중심부의 공중 화장실로 밝혀져 전학이 취소되는 해프닝이 발생되기도 했다.

뿐만 아니라 중국의 개방 이래 기존 자본주의 국가보다 더 획기적인 학교가 생기기 시작했는데 바로 '귀족사립학교' 의 등장이다.

중국에는 전체 인구의 5%에 해당하는 최고 부유층 6,500만 명이 있으며, 이를 대상으로 귀족사립학교의 등장은 중국인이 갖고 있는 자녀 교육열에 부유층의 욕구가 만나 중국의 교육 열풍을 더욱 부채질하고 있다.

베이징시만도 최고의 시설과 최상의 교사진을 갖춘 귀족사립학교는 200개가 넘고 있으며, 매년 입학철을 앞 둔 7,8월 경에는 이런 귀족사립학교에 입학시키기 위해 많은 학부모들이 학교를 찾아 상담하는 등 문전성시를 이루고 있다.

중국의 귀족사립학교는 상당한 부문에서 자율적으로 학과 편성과 학교 운영을 할 수 있어 고객인 학부모와 학생들의 욕구을 채워주고 있다. 대부분 이런 학교에는 일반 공립학교에서 볼 수 없는 최고급 시설에 실내 수영장을 갖추고 있으며, 피아노, 첼로 등 악기 교습을 위한 1인 실습실, 발레 연습실 등을 갖추고 있다.

물론 학비는 일반 공립학교와는 비교가 안될 정도로 비싸다.

예를 들어 북경의 후이자학교는 초중고 학생이 다니는 사립학교로 연간 학비가 8,000 ~ 1만 달러에 달한다. 중국의 일반인 평균 연봉이 1,000 달러가 조금 넘는 것을 비교하면 엄청난 학비임에 틀림 없다.

이 학교의 졸업생 또는 재학생 상당수가 미국, 캐나다, 호주, 영국 등으로 유학을 떠난다. 뿐만 아니라 자녀의 조기 교육을 위해 학비만 매월 1,000달러에 달하고 있음에도 영어와 중국어를 익히는 '쌍어(雙語)유치원' 을 찾고 있다.

이같은 쌍어(雙語)유치원은 단순한 외국어뿐만 아니라 골프, 승마, 수영, 에어로빅 등 서구의 부유한 국가에서도 하기 어려운 각종 프로

그램을 운영하고 있다

중국은 시장경제를 표방하고 있지만 아직도 국가체제는 엄연한 사회주의 국가이다. 중국에서 더욱이 기초교육 분야에서 귀족사립학교가 전국적으로 설립, 운영된다는 것도 아이러니다.

또한 일부 고소득 가정에서는 큰 돈을 들여서도 자신의 자녀를 해외에 유학시키고자 하는 열풍도 대단하다.

예를 들어 중국 고위층과 신흥 갑부들의 자녀가 영국 이튼(Eton) 칼리지 등 최고급 기숙학교에 대거 입학하는 것을 보면 알 수 있다.

2001년 영국 교육부의 조사에 의하면 이튼(Eton), 맬번(Malvern) 등 영국 내 최고급 기숙학교에 다니는 중국 유학생은 1,300여 명이나 되고, 이같은 수치는 일본 403명, 중동지역 국가 185명보다 몇 배 많은 수치이다.

이런 학교는 1년에 기숙사비를 포함한 수업료도 1만3,700파운드(한화 2,600만원 정도)에 추가로 교복, 교재대금 등 많은 개인 경비가 소요되지만 중국에서 영국기숙학교 열풍은 계속되고 있다.

중국에서의 귀족사립학교 입학과 고비용의 조기 유학 열풍은 비단 일부 부유층만의 전유물은 아니다.

일부 부유층의 자녀 교육 열풍 이외에도 일반 중국 학생이 다니는 대학교육 역시 중국인의 평균 소득에 비하면 경제적 부담이 매우 크다.

실제로 중국인의 1인당 평균 소득이 1,000달러 수준인 8,000위안(元) 정도임을 감안할 때 학비만 연간 1만위안의 대학 교육비는 소득에 비해 비싼 비용이다. 하지만 2004년 대학진학을 위한 고커우(高

考: 한국의 수능)에 723만 명이 참여한 것은 학비가 부담이 돼도 자녀
는 대학에 입학시키고자 하는 학부모들의 욕구가 매우 크기 때문이
다.

이러한 과도한 자녀 교육 열풍은 부유한 계층과 빈곤층의 위화감
을 유발하고 맹목적인 사치성 교육을 조장하는 부작용도 있지만 지
금의 중국에선 각자의 능력에 맞게 다양한 교육 선택의 기회를 갖을
수 있는 것으로 받아들여지고 있다.

어쩌면 지금의 중국은 이미 교육분야에서 만큼은 사회주의 국가가
아닌 것이다.

중국도 한국과 같은 6, 3, 3, 4의 학제(學制)를 운영하고 있다.

초등학교(小學校) 6년, 중학교(初中) 3년, 고등학교 (高中) 3년의 학제이다.

다만 한국의 3월 입학과 달리 중국은 9월 입학하게 된다.

중국의 아동들은 만 6세에 소학교에 입학하게 되는데 이후 9년간의 의무교육을 받게 된다. 중국의 의무교육은 중국 인민에 대한 교육의 대중화를 기하고 오랜기간 유지됐던 높은 문맹율을 2000년 6.7%로 낮추는 계기가 됐다.

중국에선 1949년 이전의 중국 사회를 '일궁이백(一窮二白) 사회'라고 부른다. 이 시기에는 중국이 경제적으로 매우 낙후되어 일반 백성들이 궁핍한 생활을 하고, 교육문화적 공백 상태라는 뜻이다.

이 시기 소학교 취학률은 20% 밖에 안되고, 문자 해독율이 20% 미만이라는 수치가 그동안 교육의 기회가 일반 대중에게는 얼마나 적었던가를 말해준다.

그런 중국의 고등교육개혁은 중국이 개혁 개방과 사회주의 시장경제체제 도입 직후인 1976년부터 시작되었다.

그러나 본격적인 개혁이 시작된 것은 1980년대이다.

1986년 4월에 공표된 의무교육법에는 '국가와 사회, 학교, 가정은 법에 따라 학령 아동과 청소년이 의무 교육을 받을 권리를 보장한다'라고 규정하고 소학교와 중학교 과정을 의무교육화하고 있다.

이 시기의 개혁은 중국 고등교육이 그동안 진행됐던 계획경제시대의 잔재에 벗어나는 외형적인 개혁이 치중했으나, 1997년 '중국 교육 개혁과 발전강요' 가 공표되면서 고등교육의 발전이 양적 확대와 질적 향상을 동시에 이루는 계기가 됐다.

우선 교육 대중화를 위해 노력한 결과, 중국 교육부가 발표한 '2003년 중국 교육사업 개혁과 발전통계' 에 따르면 초등학교 입학율은 98.6%에 이르고 중등학교는 92.7% 에 도달되었다. 각종 형식의 대학교육 재학생 총 규모는 1,900만에 달하고, 대학교 입학율도 17% 에 이르러 교육의 대중화를 이루는 단계에 진입하고 있다.

또한 교육의 질적 향상을 위해 고교 교육과정을 개편, 고교 교육과정을 기초 과정과 확장 과정으로 나누고 총 188개 학점으로 그 중 120학점은 필수 과목으로 구성했다.

●중국의 대학 입학 정원 증가 추이

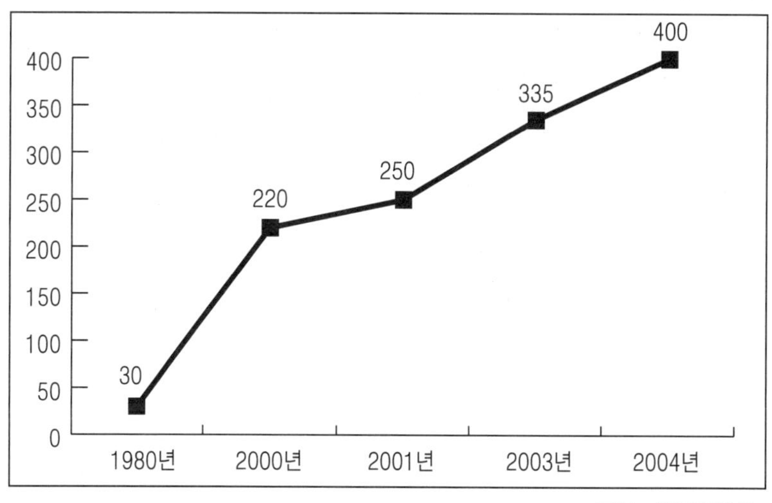

〈자료 : 중국교육부〉

새로운 고등학교 과정은 기존 교과서의 어려운 복잡하고 편협적인 부문을 삭제하고 교과과목의 상호 연계성과 결합성을 보강하였다.

또한 교과서의 개혁뿐만 아니라 교사의 교육 이념 개혁과 전문지식 습득 등도 포함되고 있다.

이러한 교육과정 개편에 따른 교육의 질적 향상을 꾀하고, 일반 대중(小康사회)에게 누구나 교육을 받을 수 있는 기회를 부여하고 있다.

특히 대학교육 기회를 넓혀주기 위해 지속적인 대학정원의 증가로 1980년대 30만 명에 머물던 대학 입학 정원은 2000년 220만 명으로, 2001년에는 250만 명, 2003년 335만 명으로 매년 대학 입학 정원을 평균 10% 정도씩 늘려왔다.

이런 결과 중국의 22세 인구 중 대학 재학생 비율이 1999년도 약 10% 수준에서 2004년에는 18% 수준으로 올라가는 대학 교육의 대중화에 다가가고 있다.

또한 그동안 제한되였던 기혼자 및 25세 이상 대학 입학시험 응시 자격도 폐지, 교육의 대중화를 이루도록 했다.

현재 중국 대학수는 '2001년 전국 교육사업 발전통계 공보' 에 따르면 2001년말 전국의 대학(전문대학 포함)은 1,911개로 집계되었다.

석,박사과정의 대학원은 728개(대학소속 411개, 과학연구기관소속 317개)이며, 박사과정 학생은 12만 명으로 미국과 독일 다음으로 많은 수준이며, 2010년 박사학위 취득자가 세계 1위를 차지할 것이라는 예측이다.

또한 보다 폭넓은 교육 대중화를 위해 정규 교육과 성인 교육을 연계시키며 학위와 작업 기술을 함께 취득하게 하여 직업교육체계를 위한 교육 개혁도 펼쳐나가고 있다.

2001년 통계에 따르면 중국의 직업학교 총수는 1만9,251개로 전체 재학생수는 1,319만 명으로 집계되었다.

이러한 직업학교의 신입생수는 해마다 늘어 2001년의 경우 463만 명에 달하고 지금까지 직업학교 졸업인원수도 5,000여만 명에 달한다. 직업학교의 전공과목도 1,2,3차 산업 전반에 걸쳐 470여개에 이르고 있다.

직업교육의 질적 향상을 위해 전국에 52개 중점 직업교사 훈련원을 비롯한 6개 대기업 연계 시범 직업교사 기능연수원을 설립, 운영 중이다.

이런 중국의 교육 개혁은 그동안 소수의 엘리트 위주의 교육시스템에서 대중을 위한 교육 시스템으로 전환, 중국의 전반적인 교육 수준을 끌어올려 급속한 경제 발전을 위한 기초능력을 확보하고 세계 속에서 뒤지지 않는 교육 수준을 확보하려는 목적이다.

요즘 중국도 대학 졸업자들의 취업난이 심각하다.

매년 9% 이상의 비약적인 경제 성장을 하고 있고, 세계의 많은 기업들이 중국에 진출하고 있어 대학 졸업자들의 취업 기회는 어느 나라 못지않게 많을 것이라는 것이 일반적인 생각일 것이다.

그러나 최근 중국 대학생 사이에는 '대학 졸업=실업' 이라는 단어가 나올 정도로 대학 졸업생들은 심각한 취업난에 봉착하고 있다. 중국정부의 통계에 따르면 중국의 1,300만 실업인구 중 18~35세 청년층이 약 30%를 차지하고 있다.

또한 중국의 급속한 경제 성장과 함께 한국과 마찬가지로 이농(離農)현상이 심각해지고 이에 따른 중국 농촌의 잉여 노동력은 약 1억 6,000만 명으로 추산되고 있다.

● **연도별 대학 졸업자수**

(단위 : 만 명)

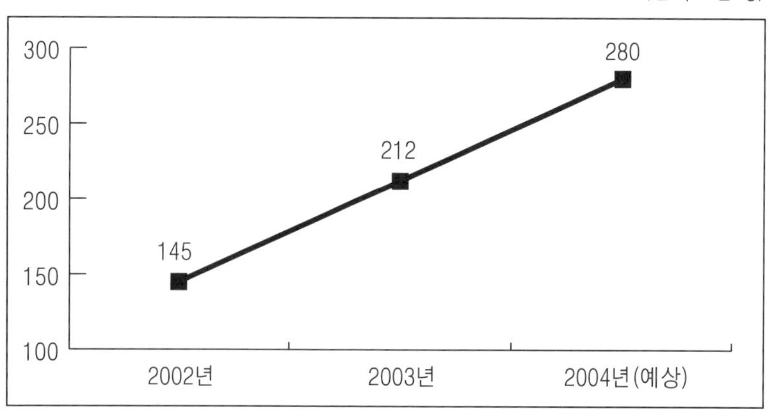

〈자료 : 중국교육부〉

그 중 매년 도시의 노동력 시장으로 진출하는 인구 1,000만 명 중 상당수가 청년층으로 파악되고 있다.

이렇게 농촌과 중소도시의 젊은층들이 대도시로 몰리는 현상과 대학졸업자가 대도시 취업을 선호하고 있어 가뜩이나 어려운 취업난을 더욱 가중시키고 있다.

중국 정부도 무분별한 청년 취업인구 이동을 막기 위해 외지인의 대도시 유입을 억제하는 호구(戶口) 제도의 강화 등 여러 가지 정책을 추진중이나 현실적으로 역부족이다.

중국의 취업난은 오래전부터의 숙원인 대학 교육의 대중화를 위해 1999년부터는 중국 전체의 대학입학정원을 매년 50~60만 명 정도, 학교별로는 매년 약 10~30% 정도의 대학 정원을 늘려왔다.

이런 대학입학정원의 증가는 대학 졸업자의 증가로 이어져 2004년 정규대학 졸업생이 2003년에 비해 32%나 늘어난 280만 명에 이르러 2년 전인 2002년 대비, 135만 명이나 증가했다.

그러나 졸업생의 급격한 증가에 비해 중국 취업 시장은 이를 따르지 못하는 것이 현실이다.

중국 정부에서 발표한 2003년 대학 졸업자 취업율은 76%이나, 학생들이 실질적으로 느끼는 체감취업율은 정부에서 발표하는 통계상의 취업율보다 훨씬 낮은 50%도 안되고 있다.

이런 현상은 2003년에 대학 졸업자 212만 명 중 절반 정도인 약 100만 명 정도가 취업이 확정되지 않아 '100만 대졸 실업자시대'를 열게 되었다.

중국의 대학졸업생 2명 중 1명은 실업자로 전락되는 현실을 맞이

한 것이다.

여기에 매년 제때 취업을 못하는 취업재수, 삼수생까지 양산, '대학졸업 = 실업' 이라는 유행어가 나올 정도로 대학 졸업생들이 느끼는 취업에 대한 스트레스는 매우 크다.

최근에는 과거와 달리 북경대, 청화대와 같은 명문대 출신들도 예외없이 취직하기 어려운 상황이다.

이렇듯 중국사회 전반적인 청년 실업의 증가 특히 대졸 졸업자의 실업난은 대학 졸업생의 증가도 큰 요인이지만 근본적인 원인은 다른 곳에 있다고 할 수 있다.

전국 49개 대학을 조사한 것에 따르면 1998년 4년제 졸업 예정자의 졸업 전 취업률이 58%였던데 비해 2001년 4년제 대학 졸업생의 취업율은 80%, 전문대학 졸업생은 40%를 차지하고 있어 대학 입학 정원 확대가 취업난의 주된 원인만이 아니라는 것을 설명해준다.

●중국 대학 졸업자 취업율

(단위 : %)

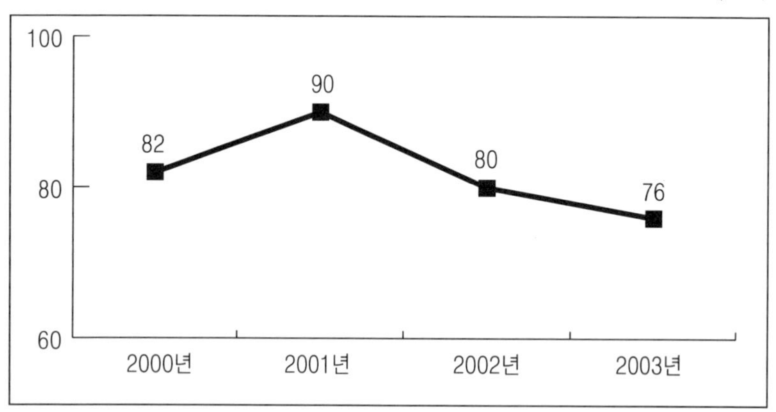

〈자료 : 중국교육부〉

사실 중국의 대학생수가 다른 나라에 비해 아주 많다고는 할 수 없다.

대학생수 1,700만 명이 13억 인구에 비하면 겨우 1%를 조금 넘는 수준이다.

또한 기업에서 인재를 수용하지 못하는 것도 아니다.

중국의 고도 성장에 따른 인력 수용이 많고 세계 각국에서 중국 진출에 따른 인력수요도 아직은 많은 편이다.

다만 중국에서 배출되는 인재가 사회에 필요한 적합성 여부와 대졸자의 직장 선택에 대한 편협한 마인드로 인한 인력 시장의 공급과 수요의 불일치가 발생되고 있는 것이다.

이러한 대졸자의 편협한 직업 선호도 영향으로 대졸자는 직장 구하기가 힘들고 반대로 기업은 구인난에 시달리고 있다.

중국 내 국내 기업뿐만 아니라 해외에서 진출한 다국적 기업들의 중국 현지 직원을 확대 채용하는 상황에서 정작 다국적 기업은 필요한 인재 찾기가 어렵다는 하소연을 하고 있다.

실제로 마이크로소프트(MS)사 중국 현지인력 채용시험에 2004년 봄 1만 명이 지원했으나 진정 마이크로소프트사가 필요로 하는 인재는 없었다고 한다. 쉘(shell)의 경우도 6,000명 지원에 겨우 9명만 직원으로 뽑았다고 한다.

이런 현실을 비추어 볼 때 고도 성장을 하고 있는 중국에서도 제대로 된 교수진과 기업에서 요구하는 전문 커리큘럼을 제대로 이수하지 못한 졸업자는 결국 기업으로부터 외면당하고 있는 것이다.

또하나 큰 문제는 중국이 개방과 자본주의를 받아들이고 있긴 하지만 중국 교육시스템이 아직도 공급자 위주의 틀에서 못벗어나고 있다는 것이다.

그동안 채용 시장에서 공급자 즉 대학이 주도적으로 했지만, 지금은 채용 시장 주도권은 수요자인 기업에 넘어가 있다. 그런데 지금의 중국이 변화된 수급 상황을 적절히 조정할 장치가 없는 것이다.

과거 수 십년간 사회주의 체제에서는 졸업을 하게 되면 대학 내 직업분배소에서 직장을 알선해 주었으나 이제는 그런 제도가 없어졌다.

현재 중국 사회의 경우 소비자 즉 학생들은 모여들기 때문에 인기 있는 특정학과는 졸업생의 공급과잉이 일어나는 현상을 초래하고 있다.

즉 대졸 인력시장에 있어 공급자와 수요자의 불균형이 문제인 것이다.

이와같은 현상은 중국 대학이 급격한 사회 변화에 대한 직업 교육에 능동적으로 대처하지 못한 것도 있지만, 대학 교육을 받은 자들이 특정한 분야에 집중되는 화이트칼라 선호 현상은 부인할 수 없다.

또한 대학 졸업생들이 막연히 대도시 취업만을 고집하고 대학 졸업자라는 눈높이에서 직업을 찾는 것도 취업난을 더욱 심화시키고 있는 요인이다.

지금의 추세를 감안할 때 중국의 청년 실업은 또 하나의 커다란 사회 문제로 등장하고 있으며 당분간 이 현상은 더욱 심화될 것으로 보여진다.

이제는 중국도 대학 졸업자이라는 학력만 가지고 직장을 얻는 시대는 지났다.

　　대학이 사회가 무엇을 원하는 가를 파악하고 거기에 적합한 인재
를 육성하는 것만이 중국 사회에서 필요로 하는 진정한 인재로 성장
할 수 있다는 것을 말해주고 있다.

중국은 21세기 초강대국으로 성장하기 위한 경제 발전의 밑바탕은 궁극적으로 교육에서 비롯된다고 말하고 있다.

중국 지도부는 '중국이 세계 최강을 이루기 위한 선결과제는 대학 개혁이 필수 사항이다. 그러기 위해 중국의 대학을 세계적인 수준으로 끌어올리자' 라고 말하고 있다.

중국이 지향하는 21세기 초강대국으로 성장하기 위해서는 중국의 대학이 미래 지향적이고 실용중심이어야 하며 글로벌화을 통한 세계 경쟁력 확보가 그 선결과제라고 강조하고 있다. 중국 정부는 세계 최강국가 건설의 야심 아래 대학에 대한 대대적인 개혁과 지원책을 강구하고 있다.

그것이 이른바 '985공정' 과 '211공정' 이다.

'985공정' 은 지난 1998년 5월, 당시 장쩌민(江澤民) 주석이 '북경대학교 1백주년' 기념행사에서 처음 발표한 것으로 1998년 5월에 발표했다하여 '985공정' 이라고 부른다. 이는 중국의 9개 대학을 선정, 세계 최고 수준의 학교로 육성하겠다는 야심 찬 계획이다.

이때 선정된 대학은 북경대, 청화대, 남경대, 복단대, 상해교통대, 절강대, 서안교통대, 중국과학기술대학, 하얼빈공과대학 등 9개 대학이다.

이들 대학의 선정 기준은 중국 전국 대학의 1% 이내에 속하고, 대학원의 석사가 전국 20% 이내, 박사가 전국의 30% 안에 들어가는 명문 대학을 중심으로 선정했다.

● 985 정책에 포함된 학교명단

No.	학교명	소재지	No.	학교명	소재지
1	清华大学	北京	18	中国海洋大学	青岛
2	北京大学	北京	19	中南大学	长沙
3	中国科技大学	河北	20	吉林大学	长春
4	南京大学	南京	21	北京理工大学	北京
5	复旦大学	上海	22	大连理工大学	大连
6	上海交通大学	上海	23	北京航空航天大学	北京
7	西安交通大学	西安	24	重庆大学	重庆
8	浙江大学	杭州	25	电子科技大学	成都
9	哈尔滨工业大学	哈尔滨	26	四川大学	成都
10	南开大学	天津	27	华南理工大学	广州
11	天津大学	天津	28	中山大学	南京
12	东南大学	南京	29	兰州大学	兰州
13	华中科技大学	武汉	30	东北大学	沈阳
14	武汉大学	武汉	31	西北工业大学	西安
15	厦门大学	厦门	32	同济大学	上海
16	山东大学	济南	33	北京师范大学	北京
17	湖南大学	长沙	34	中国人民大学	北京

〈자료 : 중국교육부〉

이후 선정 학교수를 늘려 선정된 대학들은 1999년부터 중국 정부의 전폭적인 재정 지원을 통해 학교의 연구 능력을 강화, 세계 일류대학으로 발돋움하기 위한 역량을 갖도록 했다. 이를 위해 대학 체계를 연구대학원 중심으로 개편했다.

‘985공정’에 속한 대학의 학부생과 대학원생의 비율이 북경대의 경우(1 : 0.83), 청화대(1 : 0.8), 복단(1 : 0.62)을 이루고 있다.

최근 ‘985공정’ 보다 더 중점적으로 추진되고 성과를 보이는 것은

‘211공정’ 이다.

‘211공정’ 은 21세기를 선도할 1백개 대학을 키운다는 뜻으로 중국 대학 개혁의 선봉사업이다.

중국은 1993년 ‘중국 교육 개혁과 발전 강요’ 라는 교육 청사진을 제정, 대학 교육 개혁과 발전을 위한 새로운 조치 등을 발표했는데 그것이 ‘211공정’ 이다.

‘211공정’ 은 1995년 국민 경제와 사회발전 중장기 계획과 제9차 5개년 계획(1995~2000년) 동안 중국 교육부는 98개 대학과 602개의 중점 추진학과를 선정했다. 또한 선정된 학교와 학과에 집중적인 자금을 투입, 1996년부터 2002년까지 총 1,839억 원을 투입했다.

이처럼 211공정에 선정된 100여개 학교는 중앙정부, 지방정부, 학

●211 공정에 포함된 학교 명단

No.	학교명	소재지	No.	학교명	소재지
1	北京大学	北京	15	北京外国语大学	北京
2	中国人民大学	北京	16	北京广播学院	北京
3	清华大学	北京	17	对外经济贸易大学	北京
4	北方交通大学	北京	18	中央民族大学	北京
5	北京工业大学	北京	19	中央音乐学院	北京
6	北京航空航天大学	北京	20	南开大学	天津
7	北京理工大学	北京	21	天津大学	天津
8	北京科技大学	北京	22	天津医科大学	天津
9	北京化工大学	北京	23	河北工业大学	石家庄
10	北京邮电大学	北京	24	太原理工大学	太原
11	中国农业大学	北京	25	内蒙古大学	呼和浩特
12	北京林业大学	北京	26	辽宁大学	沈阳
13	北京中医药大学	北京	27	大连理工大学	大连
14	北京师范大学	北京	28	东北大学	沈阳

No.	학교명	소재지	No.	학교명	소재지
29	大连海事大学	大连	63	郑州大学	郑州
30	吉林大学	长春	64	武汉大学	武汉
31	延边大学	延边	65	华中科技大学	武汉
32	东北师范大学	长春	66	中国地质大学	北京
33	哈尔滨工业大学	哈尔滨	67	武汉理工大学	武汉
34	哈尔滨工程大学	哈尔滨	68	湖南大学	长沙
35	东北农业大学	哈尔滨	69	中南大学	长沙
36	复旦大学	上海	70	湖南师范大学	长沙
37	同济大学	上海	71	中山大学	广州
38	上海交通大学	上海	72	暨南大学	广州
39	华东理工大学	上海	73	华南理工大学	广州
40	东华大学	上海	74	华南师范大学	广州
41	上海第二医科大学	上海	75	广西大学	南宁
42	华东师范大学	上海	76	四川大学	成都
43	上海外国语大学	上海	77	重庆大学	重庆
44	上海财经大学	上海	78	西南交通大学	成都
45	上海大学	上海	79	电子科技大学	成都
46	南京大学	南京	80	四川农业大学	成都
47	苏州大学	苏州	81	西南财经大学	成都
48	东南大学	南京	82	云南大学	昆明
49	河海大学	南京	83	西北大学	西安
50	江南大学	无锡	84	西安交通大学	西安
51	南京农业大学	南京	85	西北工业大学	西安
52	中国药科大学	南京	86	西安电子科技大学	西安
53	南京师范大学	南京	87	长安大学	西安
54	浙江大学	杭州	88	兰州大学	兰州
55	安徽大学	合肥	89	新疆大学	乌鲁木齐
56	中国科学技术大学	合肥	90	第二军医大学	上海
57	厦门大学	厦门	91	第四军医大学	西安
58	福州大学	福州	92	国防科学技术大学	长沙
59	南昌大学	南昌	93	南京航空航天大学	南京
60	山东大学	济南	94	南京理工大学	南京
61	中国海洋大学	青岛	95	中国矿业大学	徐州
62	石油大学	北京			

교 자체자금 기부금 등을 활용, 선정된 학교에 집중 투자와 양성을 실시하고 있다.

'211공정'에 선정된 학교는 즉 중점 학교로 선정되었다는 자부심을 갖게 되었다. 또한 배정된 자금에 의해 학교 운영조건이 개선되었고 인재 양성의 질적 향상을 도모하는 계기가 되어 연구 환경의 개선에 따라 연구 활성화를 가져왔다.

이에 대한 많은 성과도 거두었다. 가장 큰 성과는 대학교육 발전에 생기를 불어넣고 대학교육체 개혁에 다양한 형식으로 참여할 수 있는 계기가 되었다는 것이다

그러나 정부주도형 100개 대학의 선정과 관리에 따른 대학 자율성 부족과 예산지원 및 집행이 환경조건 개선에 치우쳤다는 일부 비판적인 시작이 있다. 하지만 중국 정부의 고등교육 질적 향상 노력의 일환으로 긍정적인 평가가 더 많은 편이다.

또한 학교 간의 과감한 조정 혹은 합병을 할 수 있는 기회가 됐으며 과학기술 등 질적 향상을 할 수 있는 기회가 되었다. 즉 '211공정'에 속한 대학에서 양성한 박사가 전체 중국 대학 중 84%, 석사가 69%로 나타나 '211공정'의 효과가 나타난 것을 알 수 있다.

중국 대학의 개혁 성공사례 중 하나가 대학간 합병이다.

그동안 사회주의식 평등 교육시스템에 익숙했던 많은 학교들이 과거의 틀에서 벗어나 새롭게 변신하기 위해선 어느 정도의 인위적 조치 즉, 대학간의 합병이 필요하다는 것이 중국 지도부의 개혁방침이다.

중국 대학의 개혁 과정 특징은 연대 별로 크게 세 단계로 구분할 수 있다. 1978 년 덩샤오핑(鄧小平) 시대의 '교육개혁 3방면 정책' 은 대학 교육의 국제화, 현실화, 창조화 기치로 대학의 역할 개혁을 강조하였다.

그후 장쩌민(江澤民) 주석 시대인 1992년 부터 2002년까지는 대학간 합병(M&A)를 주도, 이 시기를 '대학교육의 하드웨어 혁명' 이라고 부른다. 1992년 부터 2002년까지 약 10여년 간 723개의 대학이 289개 대학으로 합병(M&A)되는 대학 구조의 일대 대변혁이 일어났다.

이를 통해 대학간의 중복된 부문은 하나로 통합하고, 집중 지원할 중점학과의 선정 및 새로운 학과, 종합학과의 발전을 지원했다. 대학의 과학기술 연구수준의 제고로 해당학과를 세계적 수준으로 끌어올리는 것을 목표로 하고 있다.

장쩌민(江澤民) 주석의 퇴진과 함께 후진타오 주석 시대에는 대학의 질적 향상을 강조하는 대학교육의 소프트웨어 혁명 시대로 진입했다.

2001년 6월 현재

대학명	통합현황	비고
北京大学	北京大学+北京医科大学	
清华大学	清华大学+中央工艺美术大学	
南开大学	天津对外贸易学院+南开大学	
东北大学	东北大学+沈阳黄金学院	
吉林大学	吉林大学+吉林工业大学+ 白求恩医科大学+长春科技大学+ 长春邮电学院	
复旦大学	复旦大学+上海医科大学	
同济大学	同济大学 +上海铁道大学	
上海交通大学	上海交通大学+上海农学院	
华东理工大学	华东理工大学+上海石化高等专科学校	
东华大学	中国纺织大学+上海纺织高等专科学校	
华东师范大学	华东师范大学+上海教育学院+上海第二教育学院	
东南大学	东南大学+ 南京铁道医学院+ 南京交通高等专科学校	
合肥工业大学	合肥工业大学+安徽工学院	
浙江大学	浙江大学+杭州大学+浙江农业大学+浙江医科大学	
华中科技大学	华中理工大学+ 同济医科大学+ 武汉城市建设学院	
武汉理工大学	武汉工业大学+ 武汉汽车工业大学+ 武汉交通科技大学	
湖南大学	湖南大学+ 湖南财经学院	
中南大学	中南工业大学+ 湖南医科大学+ 长沙铁道学院	
重庆大学	重庆大学+ 重庆建筑大学+ 重庆建筑高等专科学校	
西安交通大学	西安交通大学+ 西安医科大学+ 陕西财经学院	
西北农林科技大学	西北农业大学+西北林学院+中国科学院水利部水土保持 研究所+水利部西北水利科学研究所+陕西省农业科学院+ 陕西省西北植物研究所+陕西省林业科学研究院	
北方交通大学	北方交通大学+ 北京电力高等专科学校	
对外经济贸易大学	对外经济贸易大学+中国金融学院	
中南财经政法大学	中南财经大学+中南政法大学	
长安大学	西北建筑工程学院+西安工程学院 +西安公路交通大学	

〈자료 : 중국교육부〉

그 중 장쩌민(江澤民) 주석 시대의 대학간 합병(M&A)의 가장 큰 성공사례는 절강성 항주의 절강(浙江)대학 탄생이 대표적이다.

절강대학은 1997년 원래의 절강대학 절강의과대학+항조우대학+절강농업대학이 하나의 대학으로 합병 되어 지금의 절강대학으로 탄생하였다.

절강대학은 외형적인 합병에 의한 구조조정과 함께 학교 내 연구개발능력을 강화하는 등 질적인 향상을 위해 노력했다. 그 결과 2000년 중국 광동성이 실시한 대학 평가에서 중국 최고의 명문 북경대를 누르고 청화대에 이어 2위를 차지해 중국 교육계에 일대 큰 파장을 일으켰다.

이것은 합병 전 각 대학이 갖고있는 특성이 합병에 따른 시너지 효과를 톡톡히 낸 것이다.

실례로 절강대는 이과대, 의과대, 공과대가 함께 신약을 만드는 약학원을 출범시켜 누에고치로 혈압안정제를 만들고, 대나무을 추출하여 심혈관 치료에 활용하는데 성공하였다.

절강대는 현재 중국에서 실시하는 중국 우수대학 평가에서 2002년 6위, 2003년 3위에 오르는 등 연속 상위권을 차지하고 있다.

중국에서는 매년 대학 평가기관에서 중국 대학을 결산하여 우수대학 명단을 발표하고 있다.

전국의 1,841개 대학을 4년제 대학과 전문 대학으로 구분, 우수 대학 순위를 정하여 대학의 성적표를 발행한다.

중국 교육부는 교육부 발행 '과학과 과학기술관리' 라는 잡지를 통해 신임도 있는 전문 대학 평가 기관의 발표 된 내용을 인용, '중국대학평가' 를 발표하고있다.

이들 기관들은 2000년 중국 대학들이 대규모로 합병, 재편된 후 만들어진 새 대학에 점수기준을 적용, 각 대학 학과 비교, 타학과도 총괄적으로 비교하게 된다.

평가 결과는 연구형 대학, 교육 연구형 대학, 교육형 대학, 전문형 대학 등 4가지로 분류, 발표한다.

이러한 대학 평가는 궁극적으로 중국 대학을 세계 일류대학으로 육성하기 위한 하나의 방법이다.

그래서 중국에서는 나름대로 정한 세계 일류대학 평가기준을 갖고 있다. 세계 일류대학으로 도약하기 위해서는 본질적으로 최우수 교수진을 얼마나 보유하고 있느냐가 관건이라는 결론이다.

또한 최우수 교수진 확보와 함께 두가지 평가 지표가 반영되고 있는데 첫째는 대학원에 재학중인 외국인 학생비율이 20%를 넘어야 된다는 것이다.

두번째는 세계적 권위를 가진 과학학술논문지인 미국의 '사이언스' 와 영국의 '네이처' 지에 얼마나 많은 논문을 발표하는 가를 기준으로 보고 있다.

또한 아시아 일류대학과 중국 일류대학의 기준을 정해 각 대학을 평가하고 있다.

물론 평가 기준의 객관성, 과학적인 평가 방법 등의 문제를 들어 매년 우수대학 발표 후 대학으로부터 많은 잡음이 생기고 있는 것도 사실이다, 하지만 이 같은 대학평가는 학교의 명성도가 크게 좌우되어 대학간 경쟁이 불붙는 촉매제 역할을 하고 있다.

또한 대학이 중국 정부로부터 지원금을 얼마나 받고 대학 총장과 교수를 임용·평가하는 기준이 되기도 한다.

●세계, 아시아, 중국 일류대학 기준

세계 일류	아시아 일류	중국 일류
1) 대학원생 중 외국유학생이 20% 이상을 차지 2) 매년 영국 '네이처', 미국 '사이언스' 에 발표논문수가 세계대학에서 상위 30위 이내	1) 대학원생 중 외국유학생이 5% 이상 차지 2) 매년 영국 '네이처', 미국 '사이언스' 에 발표 논문수가 아시아권 대학에서 상위 20위 이내	1) 중국대학에서 임의의 한 학과목 중 1위 :이과 상위 3위, 공과 상위 6위, 농과 상위 2위, 의과 상위 3위 이상 2) 반드시 대학원형 대학이어야함.

학 교 명	우 수 분 야	소 재 지
清华大学	공학계열1위	북 경
北京大学	이학·법학·문학계 1위,의학계열 2위	북 경
中国农业大学	농학계열1위	북 경
中国协和医科大学	의학계열1위	북 경
中国人民大学	경제학계열1위	북 경
北京师范大学	교육학계열1위	북 경
上海交通大学	공학계열2위	상 해
复旦大学	의학계열3위	상 해
中国科学技术大学	이학계열3위	허베이
南京大学	역사학계열1위, 이학계열2위	소주
哈尔滨工业大学	공학계열4위	하얼빈
西安交通大学	관리학계열1위, 공학계열6위	서안
武汉大学	철학계열1위	무한
华中科技大学	공학계열5위	무한
浙江大学	농학계열2위, 공학계열3위	항주

베이징(北京)대 : 학교 이름만 빼고 모두 바꿔라

2003년 2월 베이징대 총장 쉬즈홍(許智宏)은 베이징대 교수들을 모아놓고 일대 혁명적인 선언을 했다.

그동안 한번 교수로 임용이 되면 평생이 보장된다는 소위 '철밥통'을 깨는 교수 인사 개혁안이었다.

교수 인사 개혁안 주요내용은

—교수 임용시 국내 외에서 공개 채용방식을 통하여 임용한다.

—부교수와 강사는 전원 계약직으로 채용하며, 계약 기간내 정교수도 승진 못할 경우 계약을 해지한다.

—신규 채용의 부교수와 강사 자리의 절반은 외부에 개방한다.

—연구 업적이 미달하면 임용을 해지한다.

베이징대학은 1898년 당시 청(淸)나라의 경사대학당으로 출발해 그동안 많은 변화를 거쳐 오면서도 중국을 대표하는 명문 국립대의 자리를 지켜왔다.

그러나 이같은 혁명적인 교수인사 개혁안의 나오기까지는 중국 내 초일류대학이라는 자만심은 곧 퇴보를 가져온다는 위기감에서 나오게 됐다.

우선 청화대학을 비롯 타대학의 약진에 베이징대학이 위협을 느끼고 있어, 지금이라도 과감한 개혁만이 1위 자리를 지키고 살아 남는 길이라고 생각하게 된 것이다.

베이징대는 '학교 이름만 빼고 모두 바꿔라' 를 실행하고 있다.

또한 베이징대의 개혁안이 발표되면서 개혁의 우선 순위를 두고 많은 논란이 일기 시작했다

'일류 학생, 이류 교수, 삼류 행정관리' 라는 교내 유행어는 대학 내 행정 관리의 많은 문제점이 있음을 말해준다. 베이징대 교직원 8,000명 가운데 2/3를 점하고 있는 비대한 행정직에 대한 수술이 필요하다는 여론이다. 이러한 행정조직에 대한 끊임없는 개혁 요구는 전부터 계속 되어왔다. 1999년 베이징대는 40개 부처를 19개로 통폐합, 일대 대수술을 거친바 있지만 다시 한번 대학행정 조직에 대한 근본적인 수술 필요성이 강조되고 있다.

또한 국제화 추진과 외부 개방에 전력을 다하고 있다.

베이징대에는 300명의 외국인 교수가 직접 강의를 맡고 있으며, 전세계 200여개 대학과 협력관계를 맺고 있다.

베이징대학 교수의 비율은 외국인 교수가 3분의 1, 중국 내 타대학 출신의 교수가 3분의 1, 베이징대 출신의 자체 양성 교수가 3분의 1 구조로 되어있다. 이는 교수 간의 경쟁을 유발하고 외국이나 타교 출신에 문호를 개방함으로써 우물안 개구리식의 학문 연구를 탈피하는 의미가 있다.

베이징대학은 적극적인 국제화를 위해 전세계 200여개 대학과 협력 관계를 맺고 외국대학과 공동으로 대학을 설립하는 계획을 진행하고 있다. 이것은 대학간 단순 협력이 아니라 별도로 설립되는 대학

으로 스탠포드대학 교수와 베이징대학 교수진이 강의하고 스탠포드 학생과 베이징 대학생이 공동으로 수업을 듣고 학점을 이수한다.

물론 모든 강의는 영어로 한다.

칭화(淸華)대 : 중국 일류 넘어 세계 일류로

칭화대는 매년 발표하는 '중국 대학 교육평가'에서 7년 연속 1위를 차지하고 있다.

칭화대는 '2003년 중국 대학평가'에서 종합 평점 213.8점으로 1위를 차지했으며 베이징대는 183.13점으로 2위에 그쳤다. 3위에는 169.7로 저장대학이 차지했다. 전공 분야별로는 계속 칭화대가 공학 부문 1위를 차지하고 있다.

칭화대는 후진타오 주석, 주룽지 전총리, 우방귀 부총리 등 중국 지도부 핵심 인사를 배출, 중국 각성과 직활시에서 상위 10% 내 수험생 중 70%가 칭화대를 지원하는 중국의 최고의 명문대학이다.

●**칭화대와 베이징대의 평가표**

(2003년 중국대학평가)

구 분	청 화 대	북 경 대
종 합 평 가	1위(213.8점)	2위(181.3점)
분 야 별 평 가	공학 1위	이과, 법학, 문학 1위

〈자료 : 중국교원부〉

이 같은 칭화대의 1위 비결은 무엇인가

이러한 비결 중 하나는 철저한 현장중심 교육과 응용기술 연구를 중심으로 운영하는 것도 중요한 비결이다. 이러한 현장교육은 학교 내 공장과 학교에 설립한 교판(校辦)기업을 통하여 직접 손으로 익히는 실무 경험을 쌓는다 학생들이 학교를 졸업, 사회에 필요한 분야로 투입에 큰 무리가 없다.

칭화대학은 기업의 투자 유치에도 적극적이다.

대학의 연구능력을 높이고 실무 경험을 높히는 것은 기업의 투자가 필수적인 것이다.

칭화대는 1995년 총장이 직접 나서 대기업 투자상담 창구인 기업합작위원회를 통해 중국 기업 160곳, 외국 기업 40곳을 회원사로 유치했으며 연간 1,500개 연구 프로젝트를 운영하고 있다.

최근 몇 년 동안 칭화대학은 산학협력을 통해 약 700여 가지 기술을 개발하고 산업화하는데 성공했다. 칭화대학은 대학이 보유하고 있는 우수 인력과 기술력을 바탕으로 협력 기업을 도와 국가의 기술 연구개발을 위한 철저한 현장중심의 실무교육장 역할을 하고 있다. 또한 외국의 우수한 교수를 초빙하는데 망설임이 없다.

최근 칭화대에 연봉 100만 위안 (한화 약 1억5,000만 원), 3년간 연구비 150만 위안 (한화 2억2,500만 원)대의 외국인 교수들이 속속 등장하고 있다. 이런 연봉은 중국에서 과히 파격적이라고 할 수 있다.

칭화대학이 매년 중국 종합대학 평가에서 1위를 고수, 칭화대학을 다니는 학생들은 수재(秀才)라고 볼 수 있다.

기초 과학분야를 중시하는 중국 정부의 정책에 부응해 1997년 대학의 기초 과학연구의 필요성을 강조한 것이 계기가 되어 대학 내에 기초과학반(基礎科學班)을 설립했다.

이것을 통상 '노벨반' 이라 부른다.

이 '노벨반' 은 수학, 물리 등의 성적이 우수하고 각종 기초과학 국제 경시대회에서 우수한 성적을 거둔 학생을 선발한다. 그리고 권위 있는 교수와 국제적으로 유명 교수들을 초빙, 기초과학에 대한 집중 교육을 시키고 있는 것이다.

어쩌면 중국 본토에서 노벨상이 나오지 못한 한(恨)을 칭화대가 풀어주었으면 하는 열망의 반영인 셈이다.

푸단(復旦)대: 실력없는 선생님은 가라

중국에서 교직에 대한 '철밥통' 의식은 학교 및 교육 제도의 개혁에 의해 사라지고 있다. 최근 상해 푸단대학의 박사과정 지도 교수가 학생들에 의해 퇴출되는 사건이 발생했다.

학생들은 이 교수가 비록 국제적으로 명망이 있고 권위있는 논문을 여러 편 발표했으나 가르치는 강의 내용이 너무 이론적이고 딱딱한 연구형 수업이라는 지적을 했다. 그것은 실무에서 쓸모가 없다는 이야기다.

이런 학생들의 불평과 교수 교체에 대한 의견은 교수선발 심의위원회 결정을 거쳐 결국 그 교수는 퇴출되었다.

푸단대학이 최근 실시한 조사에 따르면 학생들에게 가장 인기있는 교수는 해박한 이론과 함께 풍부한 현장 경험이 뛰어난 교수다.

학생들에게 이론적 지식과 실무적인 경험을 가르치지 못하는 교수들은 앞으로 대학에 발붙히지 못하는 실정이 되었다.

중국어가 중국 대륙 인구 13억 명과 화교권 6,000만 명이 사용하는 동시에 2008년 올림픽 유치, WTO가입, 2010년 상해 EXPO 개최 등으로 국제무대에서 그 파워가 나날이 증대되고 있다.

이제는 중국어가 중국 대륙에서 사용되는 언어가 아니라 국제 통용어로서 자리매김을 하고 있다는 조짐은 세계 각국에 중국어 학습 열풍을 만들고 있다.

통계에 따르면 2002년 말 현재 전세계 85개 국가 2,100여 개 대학에서 중국어 교육을 하고 있다. 미국 내 3천 여개 공사립고교 중 3분의 1인 1천 여곳에서 중국어를 가르치고 있으며, 미국 대학의 10여 가지 대학 입시 외국어 중 하나로 자리를 잡아 중국어를 공식 외국어 과목으로 선택한 대학은 7백여 개에 달한다.

유럽의 중국어 학습 열기도 뜨겁다. 프랑스는 최근 몇 년동안 중국어 능력 시험인 HSK응시자가 매년 60%의 속도로 증가하고 있다.

중국어를 배우는 동기도 과거에는 중국어 연구, 중국 역사 연구가 주목표였지만, 지금은 중국의 정치·경제·사회를 알고 중국과의 비즈니스 진행에 필요한 언어로 자리를 잡고 있다.

이러한 중국어 열풍은 대학, 중고등학교뿐만 아니라 사회 단체, 학회 기구, 기업에 이르기까지 세계에서 3,000만 명이 중국어를 배우기 위해 땀을 흘리고 있다.

이 결과 세계 각국에서 중국으로 유학을 오는 현상을 만들었다. 이제 중국은 유학 대국으로서 엄청난 재정 수익을 올리고 있으며, 중국어의 파워 증가로 국가 위상도 크게 향상되고 있다.

중국은 중국어가 2007년 세계에서 영어 이외의 가장 많이 사용되는 인터넷언어가 될 것이라는 예측을 하고 있다.

이러한 중국어 학습열풍은 외국인을 상대로 한 중국어 능력 평가 시험인 HSK응시자 수의 증가로 이어졌다.

1984년부터 HSK 응시 외국인은 2001년 9만8,000명, 2002년에 14만3,000명으로 매년 급격한 증가세를 보여 2004년에 이르러 세계 35개 국가 87개 도시에서 HSK시험에 응시한 외국인은 33만 명에 이르고 있다.

시험을 주관하는 북경 언어대학 HSK센타는 현재 76개국 시험장소를 86개로 늘렸다. 또한 중국내에서도 연간 2차례의 HSK시험과 소규모의 HSK시험 등으로 나누어 40여 곳에서 시험을 치는 등 HSK응시자 증가에 능동적으로 대처하고 있다.

중국 정부는 외국인의 중국어 학습을 돕기 위해 62개국에 140여명의 중국어 강사를 파견하고 있다. 또한 중국어 강사 자원봉사자도 대폭 모집하여 세계 각국에 파견할 예정이다.

최근 한국에서도 중국어를 가르치는 대학과 중고등학교가 중국과 수교한 1992년 이후 급속히 늘었다. 현재 한국 대학에서도 중국어학과가 설치된 대학은 총 160개 대학에 달하고 있다.

제 2외국어로 중국어를 선택한 고교수는 2002년에 351개교, 2003년 523개소, 2004년 631개소로 약 2년만에 280개 학교가 늘어났다. 한국에서도 중국어가 취업의 수단으로 중요시 되어 이제 중국어는 제2외국어로 확고하게 자리를 잡았다.

중국은 지구상에서 가장 인구가 많은 나라로 여러 방면에서 세계 1위 자리를 차지하고 있다. 그 중 세계 유학시장에서도 부동(不動)의 1위가 중국이다.

전세계의 유학생 수는 2000년 말 총 160만 명에 달한다.

그 중 중국 유학생은 현재 53만 명에 달하고 있다. 또한 38만명은 여전히 국외에서 학업 및 연구하는 학생으로 중국은 이미 세계 제1위를 차지하고 있으며, 중국 학생이 유학한 국가도 103개국에 달하고 있다. 중국은 덩샤오핑(鄧小平)의 개방정책 이후 1978년부터 2003년까지 유학생수는 70만 명에 이르고 있고, 90년도 후반부터는 출국유학생수가 급격이 증가, 1978년에서 1만7,000명에서 2002년의 11만 7,000명으로 약 11배가 늘었다.

중국 정부도 해외 유학을 적극 장려, 해외유학생에 대한 효과적인 관리와 편의를 위해 노력하고 있다. 지금까지 38개 국가의 중국대사관과 영사관에 55개 교육처를 설립했고, 이 교육처는 해외 중국유학생 2천여개 연합조직과 해외 학자 전문학술단체 300여개 설립을 주도했다.

●2002년 중국의 유학생 현황

(단위 : 명)

총인원수	영 국	독 일	미 국	일 본	호 주	캐나다	프랑스	기 타
125,000	27,000	27,000	15,000	10,000	8,500	5,000	3,400	29,100
비 율	21%	21%	12%	8%	6.8%l	4%	2.7%	24%

〈자료 : 중국교원부〉

중국 유학생들이 해외에서 공부를 마치고 중국으로 돌아와 중국 경제발전에 지대한 역할을 하고 있는 일명 해귀파(海歸派)는 지금까지 약 17만 명이다. 그 중 2003년 한 해에 귀국한 유학생이 2만여 명으로 1978년 이후 최고치에 달했다.

유학 국가별로는 영어권 국가인 영국, 미국, 캐나다, 호주 등이며, 제 2외국어권으로는 일본에 많은 학생이 나가 있다.

●2002년 국가별 중국유학생의 분포

(단위 : 명)

미 국	일 본	캐나다	독 일	말레이시아	한 국
7만8천명	5만8천명	3만명	2만명	6천명	4천3백명

〈자료 : 중국국가유학기금 관리위원회〉

2003년에는 사스의 영향으로 2002년 총유학생수 12만5,000명에 비해 6.3%가 감소된 11만7,300명이다. 2003년 귀국 유학생은 2002년 대비 12.3%가 늘어난 2만100명에 달해 대조적인 결과를 보였다.

현재 중국유학생이 세계 103개 국가 중 미국에 가장 많으며 미국 전체 유학생의 13%를 차지하고 있다. 일본의 경우 전체 유학생의 61%, 한국은 55%를 점유하고 있다. 이와같은 중국인의 해외유학 열풍은 중국인 특유의 자녀 교육 중시 경향과 중국 정부의 적극적인 해외유학 권장, 유학 후 귀국자에 대한 우대 정책 때문이다.

●중국 학생의 유학 희망도 조사

구 분	외국대학	중국국립대학	중국 민영대학	비 고
비 율	89.0%	9.5%	1.0%	

〈자료 : 중국경제경기(景氣)감측센타〉

중국 경제경기감측센타에서 실시한 교육서비스 관련 조사에 의하면 국제무역기구(WTO) 가입 이후 89.6%의 학부모, 학생들이 외국 대학에서 교육받기를 원하고 있으며, 9.5%가 중국 내 국립대학, 1.0%만이 사립대학에서 교육받기를 희망한다고 조사되었다.

또한 자비 유학뿐만 아니라 국가에서 장학금을 지급하는 국비 유학생도 대대적으로 늘어 2003년 총 출국 유학생 수 11만7,300명 중 국비 유학생이 8,146명으로 집계되었다.

분야별로는 통신 및 정보기술, 에너지와 환경, 공정과학, 첨단 농업기술 등 7개 분야로 나누어 외국에 파견되는 유학생 자격에 '고급 연구학자' 항목을 추가, 대폭적인 지원을 하고 있다.

이같이 중국이 개혁개방 이후 적극적으로 장려한 해외유학의 효과는 매우 크다. 해외유학 후 귀국하는 유학생들이 중국 사회에서 중요한 역할을 하고 있으며 실제로 중국공정원(工程院) 회원의 54%, 9차 5개년 계획기간 (1996~2000년) 국가 863계획을 추진한 수석 과학자들의 72%가 해외유학파 출신이다.

또한 외국에서 연구를 계속하고 있는 중국의 재외(在外)학자는 미국에 16만5,000명, 일본에 10만 명, 캐나다와 호주에 각 6만 여명, 독일, 영국에 1만 여명의 화교(華僑)학자들이 세계 각국에서 연구에 몰두하고 있다.

특히 미국의 경우는 미국의 일류 과학자와 기술자 중 3만 명, 실리콘밸리의 기술인력 20만 명 중 6만 명이 화교(華僑)로 구성되어 있다.

앞으로 해외 기술인력의 활용도가 중국의 지속적인 경제발전에 중요한 역할을 할 것으로 예상된다.

오늘의 중국을 움직이는 신(新)세력의 등장은 1978년 이후 선진기술을 찾아 해외에 나가 공부하고 중국으로 돌아와 중국 사회 각계각층에 자리잡고 있는 해귀파(海歸派)이다.

중국 교육부 자료에 따르면 1978년 개방 이후 유학생 중 2002년까지 귀국유학생은 17만2, 800명에 달하고 있다.

1990년도부터 귀국의 행렬이 이어지다가 1998년 이후 매년 평균 13%씩 귀국 유학생이 늘어나 2003년 한 해에만 2만100명이 귀국할 정도로 중국에서는 해외로 나간 중국유학생들의 귀국 열풍이 불고 있다.

최근 몇 년간 중국 경제의 고속 발전과 더불어 중국 정부는 외국유학을 마친 중국 유학생의 유치 및 창업 환경 조성에 매우 큰 공을 들여왔다.

이를 위해 중국 정부는 인사부, 교육부, 과학기술부 등 12개 부처 관계자로 '자국두뇌유치공동위원회'를 발족하고 6개월마다 회의를 열어 귀국유학생 유치사업의 진행 과정을 점검하고 있다.

이러한 해귀파의 대표주자는 장쩌민(江澤民) 전 주석의 장남인 장밍형(江綿恒)으로 그는 푸단대학 졸업 후 미국 펜실베니아 드렉셀대에서 공학 박사 학위를 받은 유학파이다.

그는 현재 중국과학기술원의 상해부원장을 맡고 있는 중국 해귀파의 선두주자다.

해귀파들은 학력 수준도 뛰어나 해귀파 17여만 명 중에서 상해로

온 4만여 명 중 90%가 석, 박사출신이며, 그 중 30% 정도가 외국에서 중견 간부직을 경험했다.

중국에서 대학교육을 받은 사람은 전체 인구의 1%가 조금 넘는 수준에 불과하다. 그러나 해귀파의 90%가 석, 박사 취득자라 이들은 중국 고속 경제성장의 성장엔진 역할을 하고 있다. 즉 중국의 새로운 리더그룹으로 자리잡았다.

현재 중국은 해외유학생들의 복귀를 적극적으로 유도하여 중국의 경제 부흥과 과학기술발전을 돕도록 하고 있다.

주룽지(朱鎔基) 전 총리는 MIT대학에서 공부하고 있는 중국 유학생들에게 '모든 것을 책임질테니 중국으로 돌아오라' 고 말할 정도로 해외에 나가 있는 우수한 과학인재들을 불러들이는데 적극적이다

중국 정부는 귀국유학생들의 창업을 돕기 위해 첨단 신기술연구개발, 기업인큐베이터, 벤처투자 등을 포함한 유학생 창업단지를 적극적으로 조성하고 있다.

현재 중국 각지에 건설된 유학생 창업단지는 60여개로 주로 북경, 상해, 강소, 절강, 산동 등 각지에 있다. 이곳에서 유학귀국생이 창업한 기업은 4천여개에 달하며 2002년 말 총 생산액은 10억 위안(약 1조5,000억 원)이다.

이들이 운영하는 기업은 대부분 첨단 신기술 관련 기업이 많고 그 중에는 세계 최첨단 기술도 있다.

또한 귀국 유학생의 편의를 돕기 위해 공안부(公安部)는 대학과 연구소가 우수인재를 유치할 때 5년 장기 거류증과 복수비자를 발급하는 등 귀국 유학생들의 창업에 각종 편의를 제공하고 있다.

중국의 각 지방정부도 유학생들을 적극적으로 유치하기 위해 각 성(省), 시(市)별로 유학생 전용 창업원(創業圓)을 설립, 초기 창업에 필요한 각종 지원과 다양한 인센티브를 내걸고 해외 유학생들을 유치하고 있다.

이렇게 해외에서 공부하는 학생들의 귀국 행렬이 비단 정부에서 적극 추진하고 있는 인센티브만은 아니다. 유학생들도 중국의 비약적인 발전과 자신의 발전을 동일시하고 있는 것이다. 또한 해외서 배운 새로운 기술과 외국어를 사용, 국가 이익도 도모하고 자신의 능력을 발휘하고자 하는 마음에서 귀국하는 것이다.

심지어 최근 한국 등 제 3국의 해외 유학생들이 해외에서 공부하는 동안 해외에서 사귄 중국인과 같이 중국으로 귀국해 창업하는 특이한 현상까지 생기고 있다.

WTO가입, 2008년 북경 올림픽개최, 2010년 상해 EXPO개최, 매년 8%가 넘는 경제 성장에 따른 경제 발전의 중국. 그동안 영어권 중심의 유학에서 최근 중국이 유학 선호도 향상으로 새로운 유학 대상국으로 부상하고 있다.

중국 정부는 유학생 대부분이 아시아권 특히 한국과 일본 학생이지만 중국의 미래 가치를 보고 달려오는 유럽 등 서구학생을 적극 유치하고 있다.

이같은 노력은 중국 정부뿐만 아니라 대학도 해외유학 박람회를 개최하는 등 적극적으로 외국 유학생 유치를 위해 나서고 있다.

중국이 외국인 유학생 유치에 전념하고 있는 이유는 간단하다. 중국이 '세계 일류 대학 건설' 이라는 목표를 달성하는데 국제 교류는 매우 중요하기 때문이다. 이를 위해 외국 유학생을 적극 유치, 대학내 국제 분위기 조성이 필요한 것이다.

아울러 외국유학생 유치에 따른 경제적인 부수효과도 중국으로선 매우 커 무엇보다도 실질적인 수익 산업으로 보고 있기 때문이다.

중국 정부는 일단 2007년까지 외국 유학생을 연 12만 명 유치하는

●2003년 중국의 외국 학생 국가별 분포

(조사대상 : 353개 대학)

총유학생수	한 국	일 본	미 국	독 일	프랑스	북 한	기 타
77,715명	35,353	12,765	3,693	1,224	962	638	23,035
비율	45%	16%	5%	2%	1%	0.1%	30%

〈자료 : 국가유학기금관리위원회〉

것을 목표로 하고 있다. 이는 10만 명이 넘는 외국 유학생들을 유치한 미국, 영국, 일본 등 유학 선진국과 버금가는 수치이다.

세계 인구의 20% 정도가 중국인이고 무역대국으로 성장하고 있는 중국은 외국 학생 유치 여건이 충분하다고 판단한다. 중국 정부와 대학 당국의 적극적인 유학생 모집 활동은 그래서 더욱 적극적이다.

특히 한국은 이제 중국과 뗄레야 뗄 수 없는 지리, 경제, 정치적 관계로 인해 한국 학생들의 중국 유학 선호도가 날로 높아지고 있다. 하지만 무분별한 과열 현상으로 부작용도 많이 낳고 있지만 중국 유학선호 현상은 어쩔 수 없는 사회 현실이다. 실제로 중국에 온 해외 유학생 중 절반은 한국 유학생이 차지하고 있다.

한국은 무려 35,353명의 대학생들이 현재 중국에서 유학을 하고 있으며, 고등학교 이하의 조기 유학생도 많아 베이징시의 경우 초중고등학생 한국 유학생은 2,150명으로 파악되고 있다. 그 중 절반 정도는 부모와 같이 온 학생인 반면 나머지 절반은 부모없이 온 조기 유학생들이다.

●2003년 유학 도시별 현황

총유학생수	북 경 시	상 해 시	천 진 시	기 타
77,715	29,332	13,858	4,952	29,573
비율	37.7%	17.8%	6.4%	38%

〈자료 : 국가 유학기금관리기원회〉

베이징시 교육당국은 현재의 약 3만 명 수준의 외국 유학생을 1만 명 더 늘려 총 4만 명 수준으로 늘릴 계획이다. 이를 위해 현재 외국 유학생을 받아들일 수 있는 자격을 가진 60여개의 대학과 과학 연구기관에 대해 매년 교육관리 평가를 실시하고 있다. 부적합한 시설, 관리, 전공학과를 가진 학교는 자격을 취소하는 등 외국 유학생을 위한 행정 관리를 강화하고 있다. 유학생의 급증은 중국에 경제적 측면에서도 유리하게 작용돼, 유학생이 지불하는 학비와 이들이 사용하는 생활비만으로도 엄청난 경제 효과가 있다. 실제 외국유학생이 가장 많은 베이징시의 경우 유학비용은 연간 10억 위안 (약 1,420억 원)정도로 베이징시 경제에도 큰 기여를 하고 있다.

●2003년 유학대학별 현황

(단위 : 명)

총 유학생수	1위	2위	3위	4위	5위
77,715명	베이징어언대 (7,109)	상해푸단대 (3,085)	베이징대 (2,682)	칭화대 (2,502)	상해교통대 (2,466)

〈자료 : 중국국가 유학기금 관리위원회〉

3만5,353명의 한국 학생의 중국 유학비용은 2003년 한 해 3,500억 원 이상 지출한 것으로 계산되며 여기에 초중고생의 조기 유학 비용, 부모의 방문 비용 등을 합하면 이보다 훨씬 많은 비용이 지출된 것으로 추정된다.

●상해시 외국 국제학교의 한국학생 현황

(2004년. 4월)

학 교 명	BISS	SRIS	YCIS	SAS	SCIS	SSIS	CISS	리빙스톤
총학생수	232	178	850	1,800	270	700	400	60
한국학생수	48	32	250	300	60	280	24	40
한국학생비율(%)	20%	18%	29%	17%	21%	40%	6%	67%

〈자료 : 상하이 에듀조사〉

　　그러나 이같은 수치는 중국에 유학 온 학생 중 대략적으로 1년에 사용하는 유학 비용을 1인당 1,000만 원 정도 계산한 것에 불과하다. 또 한국 학생이 중국에 있는 미국과 영국 등에서 운영하는 국제학교에 다니는 경우 학비는 이보다 훨씬 비싼 1만7,000 ~ 2만 달러에 달한다.

　　외국 국제학교가 많은 상해시의 경우 외국 국제학교에 다니는 한국 학생이 1,034명이다. 이들이 1년 간 사용하는 학비만 계산해도 1년에 한화 224억 원에 달하고 있다.

　　이렇게 한국을 비롯한 많은 국가 학생들이 중국에서 유학을 하는 것은 중국의 고도성장이 가장 큰 이유다. 그에 따라 중국이 국제 사회에서 차지하는 비중이 점차 커지고 있고 무엇보다 중국이 갖고있는 미래 가치가 다른 국가에 비해 높게 평가되고 있다는 것이 가장 큰 매력이기 때문이다.

중국의 정부청사나 학교에는 '科技是强國基础'라는 구호가 많이 눈에 띈다.

중국 정부가 과학기술의 중요성을 지속적으로 강조하고 있고, 중국의 고속 경제성장에 따른 인력 수요 증가도 과학기술 발달에 큰 몫을 하고 있다.

이러한 중국의 과학기술에 대한 중시 분위기는 중국의 고위 지도층인 공산당 조직이 대부분 기술관료 출신이라는 것도 큰 요인이다. 그들은 후계 양성을 위한 고급 인재 배출시스템을 과학기술분야에 집중, 자연스럽게 이공계 위주의 발탁이 잦은 편이다. 실제로 최근의 중국 최고 지도자층을 보면, 장쩌민(江澤民) 전 주석은 상해교통대학 전기과를 졸업하고 1950년 상해 비누제조공장에서 일을 했으며, 총리를 지낸 리펑은 모스코바의 파워인스티튜트의 전력학과를 졸업한 뒤 길림의 발전소에서 근무했다. 또 전 총리 주룽지 역시 칭화대학에서 기계전기학을 전공하고 동북공업부에서 근무한 이공계출신의 대표 주자이다.

현재 후진타오 주석은 칭화대 수리공정학을 전공하고 깐수성 건설위원회에서 10여년 간 지방근무를 한 후 중앙 정부에 발탁되었다. 또한 원진바우 총리 역시 베이징 지질학원에서 지질구조학을 전공하고 감숙성 지질국에서 일을 했다.

이처럼 중국에서 최고 지도자층에 이공계 출신이 많은 것은 중국에서 출세 코스인 공산당 조직의 인사관리 시스템에서 현장 경험을 풍부하게 쌓온 사람들이 경험과 능력을 높게 평가 받는 경우가 많기 때문이다.

이들은 후계자를 선정하는 인사관리 및 평가과정에서 전문적인 지식이나 업무처리 능력, 현장근무 평가 항목에서 이공계출신들이 비교적 업무처리 능력의 정확성, 전문성이 뛰어나다는 인식을 갖고 있다.

그러한 중국의 사회 분위기와 급속한 경제 성장을 바탕으로 과학기술인력에 대한 수요가 증가함에 따라 중국의 학생들은 한국과 달리 이공계를 선호하는 경향이 있다.

최근 중국의 화중과기대 사회학과 연구팀은 '2003년 중국사회학회' 총회에서 발표한 중국 직업 인기도 조사에서 중국 내에서 가장 인기있는 직업은 과학자라고 발표했다.

그 다음으로 대학 교수와 엔지니어가 차지해 직업 선호도 1, 2, 3위가 모두 이공계 직업군으로 강세를 보이고 있다.

이러한 사회 분위기의 영향으로 중국 대학교 학생 모집 구조에서도 이공계를 지원하는 학생 수가 월등히 많다.

중국에서 2004년 7월에 실시하는 한국의 수능시험격인 고커우에서 이공계를 선택한 학생이 전체의 53.7%에 이르고 있다.

●2004년—高考(한국의 수능시험) 응시자

총 응시자수	입학정원 (전문대학포함)	차 이	지 원 학 과		
			문학,역사계	이공계	문,이 종합계
723만명	400만명	323만명	32.9%	53.7%	13.4%

〈자료 : 중국교육부〉

이는 2003년에는 전체 응시자 중 이공계 희망자 48.9% 보다 4.8%가 늘어난 숫자로서 이공계 선호 현상을 단적으로 보여주고 있다.

또한 2004년 베이징시의 고커우(統一高考)에서 응시자 85,073명 중 이공계 지원자가 전체의 62.8%인 53,456명으로 나타났다. 이 수치는 전국 평균을 훨씬 웃도는 많은 학생이 이공계를 지원하고 있음을 보여준다.

이공계 학생들은 사회에 진출, 빠른 시간 내에 적응하고 사회에서 필요한 전문성을 기르기 위한 교육을 받는다. 이들은 학교 내에서 탄탄한 기초지식을 바탕으로 풍부한 실무 프로젝트 경험을 쌓는 현장 중심 교육을 받고 있다.

예를 들어 중국 내 많은 학교가 설립한 교판(校辦)기업은 졸업 전 산학프로젝트 참가를 학점으로 인정하고 있다. 베이징대의 경우 이공계 학생을 대상으로 2학년까지 수학, 물리, 화학 등 기초 과학을, 3학년 때 전공을 택하는 '無培계획'을 시행하고 있다.

이는 2학년까지 기초과학 실력을 높이고 3학년부터 실무능력을 높이는 방식으로 일반 학생보다 20~30% 정도 많은 학점을 취득하게 하고 있다. 또 외부기업을 적극 유치, 학생들이 공동 프로젝트에 참여할 수 있는 기회를 만들어 주고 있다.

칭화대의 경우는 1995년 총장이 직접 나서 대기업 투자상담창구, 기업합작위원회를 만들고 현재 중국기업 160개, 외국기업 40개를 유치, 연간 1,500개 연구프로젝트를 추진하고 있다.

이같은 현상은 이공계 출신이 사회적으로 대우를 받는 것도 있지만, 대학진학 후 교육과정을 통해 다양하고 전문성 있는 기술 습득으

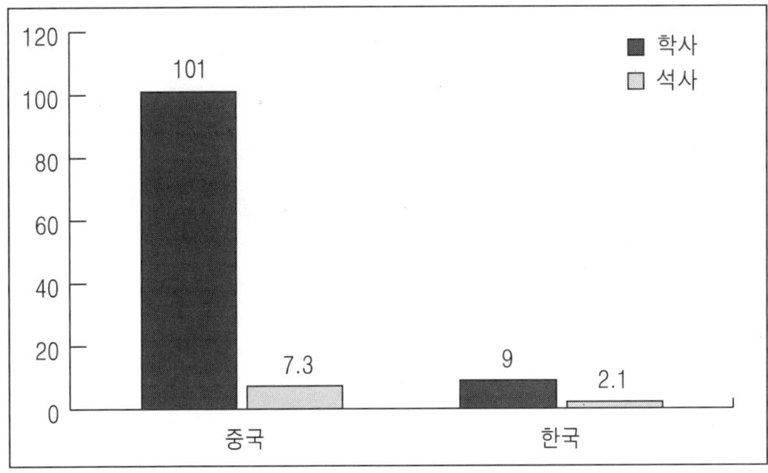

〈2001중국교육통계연감, 2001한국교육통계연감〉

로 준비된 기술인으로 성장하는 것도 이공계 출신에 대한 선호도를 높이고 있다.

중국 대학의 연구개발비 중 기업 부담은 40%로 한국의 15%보다 높고 연구개발비 중 산업체와 연관된 응용연구 비중이 전체의 60%로 한국의 30% 보다 높다. 이는 실질적인 대학과 기업 연관성이 한국보다 높다는 것을 보여주는 수치이다.

중국 정부의 집중적인 과학기술 분야 투자로 2002년, 중국의 R&D 인력규모는 100만 명을 초과했다. 이는 미국에 이어 세계 2위다. 또한 국제과학기술논문수는 2002년에 7만7,400편으로 세계 5위를 차지, 2000년 8위, 2001년 6위에서 3년간 연속 상승세이다.

이런 전반적인 사회 분위기는 학생들의 이공계 진학을 고무하고 이공계 전문인력을 육성하게 되어 한국과는 전문 이공계 배출인력 차이가 매우 크게 나타나고 있다.

중국 교육연감자료에 따르면 2001년 중국 공과대학 정원은 101만 명으로 한국의 9만 명에 비해 10배가 넘는다.

또한 이공계 학생의 해외유학도 활발해 2000년 미국 이공계 분야의 박사 학위 취득자 중 중국인은 약 2,300명으로 한국인 박사학위자 720명과 비교된다.

중국 대학은 하나의 기업군(群)을 형성한다.

대학에서 연구개발한 첨단기술이 학교에 적용되고 중국 국내는 물론 세계 시장에서 경쟁하는 거대한 기업군(群)을 형성하고 있다.

대학내 이공계 교수들과 학생들이 기술을 개발하고 이를 상품화한 제품을 만들기 위해 대학이 회사를 세우고 회사 경영에 참여하는 교판기업(校辦企業) 즉 대학 기업이 중국에선 성행을 하고 있다.

이 교판기업의 최대 장점은 대학에서 얻어낸 연구성과가 현장에 직접 적용된다는 점이다. 또한 연구과정에 참여한 학생들이 학교와 기업 연대에 직접 투입된다는 것이다.

중국의 많은 교판기업 중 대표적인 교판기업은 대학 교수들이 최고경영자이며, 이 대학의 우수 인력이 모여 있는 베이징대의 북대방정(北大方正) 그룹과 칭화대의 청화동방(淸華同方) 그룹이다.

이들 기업은 중국의 IT산업 발전에 지대한 공헌을 하고 있으며, 규모나 운영 방식이 웬만한 한국 재벌과 비슷하다.

중국의 교판기업은 1980년대 초에 학교 내에 공장을 차려 제품을 생산하기 시작하면서 만들어졌다.

처음에는 학교 경비를 충당하거나 보조하는 수단으로 활용되었으나, 점차 체계화되면서 중국 대학교육 개혁과 학교 내 기술개발 전진기지로 활용되면서 그 역할과 성과가 뚜렷해지기 시작했다.

중국의 교판기업은 우리가 흔히 말하는 산학협력과는 개념적으로 다르다.

산학협력은 쌍방간의 이해 타산과 적극성에 따라 시간이 걸리고
절차도 복잡하며 그에 따른 결과물도 기대 이하가 되는 경우가 많은
게 현실이다.

●교판기업의 사업내용 현황

(2001년 중국 575개 대학)

총설립건수	제 조 업	무역,상업	기 타	비 고
5,039사	1,836사	764사	246사	

〈자료 : 중국교육부〉

●교판기업의 설립현황

(2001년 중국 575개 대학)

총설립수	대학독자설립	대학과중국기업합작	대학과외국기업합작	비 고
5,039사	4,227사	718사	94사	

〈자료 : 중국교육부〉

그러나 교판기업은 학교가 아예 직접 기업을 차려 운영하는 경우
로 기업의 성패가 학교 및 교판기업 운영자인 교수, 학생들에게 직접
영향을 미치기 때문에 이에 임하는 자세부터 차별이 된다.

물론 일부에선 교수나 학생이 본연의 학문 추구에 소홀하고 경제
적인 측면만 고려한다는 지적도 있다. 하지만 중국 대학은 연구개발
아이템을 상품화 하는데 시행착오를 줄일 수 있고 학생들에게 사회
진출하기 전 예비학습 전진기지로 활용되는 등 실보다는 득이 많다
고 생각하고 있다.

학교에서 연구개발한 기술이 산업현장에서 활용되지 못하고 외면
당하지 않도록 사전에 충분히 검증하는데 중요한 역할을 하고 있는

것이다.

중국의 교판기업은 2001년 현재, 교육부 과학기술발전센터에 따르면 중국 1,000여 개 대학 중 575개 대학을 조사한 결과 교판기업 수는 5,039개로 이중 약 40% 정도는 IT, 바이오 등 첨단 과학기술 분야다.

이밖에 일반 제조업, 무역업도 있어 이들 기업들은 학생들에게 졸업 전, 충분한 현장실습 장소를 제공하고 있는 셈이다.

또한 석사과정 3,545명, 박사과정 1,032명이 교판기업의 연구개발 활동에 참여해 학위를 획득했다.

교판기업의 설립 형태를 보면 대학 독자적으로 기업을 설립하거나 대학과 중국기업과의 합작, 대학과 외국기업과의 합작 등 다양한 설립 형태를 갖고 있다.

●교판기업현황

(2001년 중국 575개 대학)

구 분	첨단과학기술분야	일반제조업, 무역업 등	계
기 업 수	1,993개 (40%)	3,046개 (60%)	5,093개
연간 매출액	447,75억 (74.3%)	155,23억 (25.7%)	602,98억

〈자료 : 중국교육부〉

또한 북대방정(北大方征)은 북경대 출신들이 모여 만든 중국의 대표적인 교판기업으로 중국 10대 신기술 기업, 120대 기업에 랭크되어 홍콩과 상해주식시장에 상장, 이미 대기업으로 성장하였다.

전국적으로 교판기업 증가에 따른 교판기업의 매출액 증가뿐만 아니라 학교의 수익금을 증가하고 있다.

●중국 교판기업체 매출추이

(단위 : 억 원)

구 분	97년	98년	99년	2000년	2001년	비 고
매 출 액	295.54	315.62	379.03	484.55	607.48	
대학수익금	15.6	15	15.99	16.85	18.42	

〈자료 : 중국교육부〉

실제로 2001년 칭화대학의 경우 칭화대학 교판기업이 올린 수익으로 대학 전체 연구개발 예산의 73%를 충당하고 있다.

중국은 아직도 사회주의를 표방하고 있다.

사유재산을 인정하고 시장경제를 추구, 겉으로 느끼는 중국은 자본주의 국가와 별로 다를 바가 없다. 그러나 중국은 아직까지 상당 부문 국가에서 통제하는 시스템이다.

어느 나라나 교육 부문은 국가 정책의 가장 중요한 위치를 차지하고 있다.

그런 중국이 교육 부문을 국가에서 직접 운영하는 국공립 학교시스템에서 과감히 사립학교로 정책을 전환하는 것은 중국과 같은 시스템에선 매우 획기적이라고 할 수 있다.

현재 중국 내 사립학교는 5만여 개로 아직은 전체 학교수의 7%에 불과하다.

그러나 중국 정부는 교육의 선진화, 대중화를 위해서 기존 국영학교에만 의존하기엔 한계가 있고 목적하는 교육의 개혁을 이루기 어렵다는 것을 인식하고 있다.

이런 전반적인 공감대와 중국인의 자녀 교육에 대한 욕구는 2003년 중국 국무원 제9회 전인대상무위원회에서 '중국 사립교육촉진법'을 제정했다. 이것은 사립학교에 대한 재산권과 자율권 일체를 부여하는 계기가 됐다.

앞으로 사립학교는 등록금의 제한이 없으며, 교과 과정도 자율적으로 편성할 수 있고 입학고사의 시행이 가능해졌다.

또한 학교에서 학생들을 가르치는 동안 능력이 없다고 판단되는 교사는 언제든지 퇴출시킬 수 있는 권한을 부여받았다.

이로서 사립학교 재산권, 자율권의 확대로 사립교육의 대중화를 이룰 수 있는 기회를 맞은 것이다. 또한 중국의 고도 성장에 필요한 전문인재를 특성에 맞게 양성하는 동시에 공립학교와 경쟁을 통해 공립학교의 교육 개선에 대한 압력으로 작용하고 있다.

사립학교는 교육설비 개선, 우수교원 학보와 교육내용 강화 및 관리를 통해 교육의 질을 높이고 특색있는 교육내용으로 학생 유치에 적극 나서고 있다.

중국인이 스스로 중산층이라고 생각하고 있는 가정의 재산은 보통 15~30만 위안(한화 약 2,200만 원~4,500만 원)이다. 현재 이같은 중산층의 비율이 매년 1% 이상 증가하고 있다.

농촌을 포함한 2002년도 중산층은 약 19%에 달하고 있으며 이 중 도시민은 49%에 이르고 있다. 이런 추세로 중국 경제가 성장할 경우 향후 2020년 중국의 중산층 수는 약 40%가 될 것으로 예상된다.

이에 따른 교육 수요와 열망도 높아져 기존의 공립학교 시스템에서 배울 수 없는 좀더 새로운 교육과정을 갖춘 사립학교 수요가 늘어가고 있다.

이것은 중국 경제체제가 그동안 '공급자 시장'에서 '수요자 시장'으로 전환되듯이 교육시장 역시 '수요자 시장'으로 바뀌고 있는 과정으로 보여진다.

실례로 상해 및 강소성, 절강성에 기반을 두고 있는 상해중예집단(上海中銳集團)의 경우 소주, 소흥, 무석의 일반 공립학교에 비해 10배가 비싼 학비에도 불구하고 학생들이 몰리고 있다. 학교 설립 당시

1개 학교에서 불과 10년만에 10개 학교로 성장, 하나의 집단을 형성하고 있다. 자산가치도 설립 당시 인민폐 10만 위안에서 현재 10억 위안에 도달 할 정도로 비약적인 발전을 보인 것도 중국에서의 사립학교가 일반인들의 욕구를 충족시키고 있다는 것을 보여주고 있다.

베이징고교인 후이자 역시 전체 재학생 2,000명의 초중고교가 있는 사립 기숙학교이다. 이 학교는 숲에 둘러싸인 주변 환경과 에어컨과 인터넷 전용선을 갖춘 기숙사 외에 수영장, 볼링장, 체육관을 갖고 있다.

또한 약 10% 정도의 외국유학생을 위한 전용 식당도 갖추고 있다.

이 학교의 연간 학비는 연간 8,000~1만 달러로 중국 평균 근로자 연봉 1,200~1,300 달러와 비교, 고액임에도 이 학교를 지망하고자 하는 수요는 계속적 늘어나고 있다.

중국의 사립학교에서는 교사들의 질적 향상을 위해 매년 평가를 통해 실력이 부실하고 학교 발전에 기여하지 못하는 교사에 대해선 과감히 퇴출을 시킬 수 있는 기업형 학교를 운영하고 있다.

중국은 그동안 사회주의 틀 속에서 안정을 유지할 수 있었던 것은 인민의 교육을 중시했기 때문이다. 그럼에도 중국의 교육개방은 어딘가 두려운 부문이 많을 수밖에 없다.

중국이 교육개방을 많은 논란과 반대 속에도 최종 결론을 내린 것은 전면 개방이다.

교육개방을 반대하는 자들은 '교육이 개방됨에 따라 서구 교육의 진출로 사회주의 시장경제라는 고유이념이 훼손된다' '빈부, 지역에 따른 교육 서비스의 격차로 빈부, 지역 간 위화감이 조성된다' 라는 주장으로 맞섰다.

그러나 교육 개방론자들은 '훌륭한 인재를 길러 국제사회의 경쟁력을 갖추어야 한다, 그러기 위해서 교육부문을 과감히 개방해야 한다' 고 주장했다.

결국 교육 개방론자들의 승리로 끝났다.

중국 교육부는 '2004년 공작요점' 이라는 연간 업무계획 발표를 통해 대외적으로 교육개방의 의지를 더욱 확고히 했다.

이 내용은 중국 학생들에게 새로운 교육의 기회를 제공하고 해외로 나갈 수있는 기회를 넓힐뿐만 아니라, 외국 학생들을 적극 유치, 중국어 교육기관의 해외 진출을 장려하고 있다.

중국은 국무원 제68차 상무회의에서 '중화인민공화국 중외합작학교 설립조례 법안' 을 통과시켜 시행에 들어갔다.

이 법안에는 선진 외국교육자원을 도입, 고등 및 전문교육 영역에서 합작을 적극 장려하고 중국 고등교육기구와 합작을 할 수 있도록 법적인 제도를 만들었다.

현재 중국에는 외국과 합작한 중외합작 학교가 전국적으로 700개를 넘고 있다.

중국의 WTO가입과 '중외합작학교 설립조례' 가 발표됨에 따라 많

●중국 내 합작학교 설립개방

구 분		주 요 내 용	비 고
주요 법안 내용		중외 합작학교 설립법안(국무원 제 68차 상무회의 통과) ㅡ교육부내 국의 교육기관 특징 검정센타 설립 ㅡ대학교육, 직업교육부분을 장려 및 중외 합작학교 설립 확대 ㅡ중국기관과 외국대학 교육기관과의 합작 사업 장려	
기 설 립 합 작 학 교	총 설립건수	712개 (2002년 말 현재)	( )은 학교수
	지 역 별	上海(111),北京(108),山东(78),江苏(61),辽宁(34),浙江(33),天津(31),陕西(29),广东(27),湖北(23)	
	국 가 별	미국(154), 호주(146), 캐나다(74), 일본(58), 홍콩(56), 싱가폴(46), 영국(40), 대만(31), 프랑스(24), 독일(14), 한국(12)	
	학 교 별	유치원(27), 중학교(2), 고등학교(40), 취업학교(69), 중등전문학교(36), 전문대학(82),대학본과(69), 대학원(74), 비학력교육기관(313),	
	분 야 별	공상관리(255),외국어문학(132), 전기가스정보(94), 경제학(74), 예술(37), 교육학(19), 기타(101)	

〈자료 : 중국교육부〉

은 외국의 학교가 중국에 진출하는 계기가 되고 있다. 또한 중국 대학의 해외 진출도 적극적이다.

중국 교육부는 중국 대학교의 해외분교 설립에 관한 '대학의 해외분교설립 잠정관리방법 (高等學校辦學暫行管理方法)' 법안을 제정, 대학의 해외 분교설립을 돕고 있다.

즉 대학이 독자적 또는 해외에 법인 자격을 갖춘 소재지 국가(지역)정부의 허가를 받은 교육 기구와의 합작으로 분교 설립을 할 수 있게 하고 있다.

또한 해외에서 소재국 국민을 대상으로 학생을 모집, 교육활동을 전개할 수 있도록 법적인 제도를 갖추었다. 그뿐 아니라 중국 대학 외국분교 학생들에게 중국 학위를 수여하고 학력도 인정하도록 되어 있다.

또한 중국 정부에서는 해외 분교 신청과 비준을 위한 행정수속 절차를 명확히 해 해외 분교 설립을 지원하고 있다.

이런 영향으로 중국 교육부에서 비준한 해외 대학은 20여개에 달하고 있다.

이는 외국 대학과의 협력을 통한 경쟁속의 발전을 도모하는데 좋은 계기가 되고있다.

중국이 처음에 우려했던 교육개방에 따른 병폐 발생은 기우(杞憂)로 끝나고 있다.

교육개방 이후 외국과의 합자를 통해 이루어진 교육사업의 규모가 1995년에 비해 9배 이상 증가되었다. 그러나 중국 교육은 그다지 타격을 입지 않았다. 오히려 개방을 통해 중국이 아태(亞太)지역의 교육중심지로 떠오르는데 일조를 했다는 것이 일반적 견해다.

외국 학교의 중국 진출은 2003년 3월 전국인민대표자대회(全人大)에서 '사립교육 촉진법'을 통과시킴에 따라 외국 교육기관의 단독투자에 의한 학교설립이 가능해지고 투자 소득에 대한 본국 송금도 가능하게 되었다.

앞으로 중국 학생들도 외국계 사립학교의 입학이 허용되어 교육문호개방 흐름은 급물살을 타고 있다.

제3절

일본 교육시장의 모습들

일본은 2차 세계대전의 패망을 딛고 1960년대 경제적으로 부흥기를 맞이하면서 전반적인 안정감을 갖고 생활할 수 있는 선진국가로 진입했다. 이무렵 일본인들은 한국 등 주변 국가에 비해 평온하고 안정된 가정생활을 영위했다. 당시 대개 남자는 27~28세, 여자는 23~24세에 결혼, 아이는 두 명 정도, 남편은 성실한 직장인, 여자는 알뜰한 가정주부가 일본의 전형적인 서민의 모습이었다.

그뒤 일본은 1970년대 이후 급속한 경제성장, 1980년대 중후반부터 일본 경제의 초호황경제를 바탕으로 두려울 게 없는 분위기에 젖어있었다. 그러나 거품이 꺼짐에 따라 많은 사회 변화를 가져오게 되었다. 그 가운데서도 가장 큰 변화는 가족 구조의 변화이다.

또한 10년 장기불황과 고도성장 뒤의 정체에 따른 일본 국민들이 느끼는 심리적 무력감과 좌절감이 매우 큰 것으로 나타났다. 이런 사회전반적인 침체 분위기는 결혼 기피 현상, 결혼한 가임 여성들의 저출산 현상, 결혼 후 이혼의 증가, 연간 3만4,000여 명 (하루평균 88명)에 달하는 자살자의 급증 등 사회문제는 일본 사회의 급속한 가족구조 붕괴까지 이어지게 되었다.

특히 지금 일본의 많은 젊은층들이 적극적인 결혼 회피 또는 연기로 인해 만혼(晚婚)과 미혼(未婚)화를 초래하고 있다. 결혼하더라도 출산을 기피하고 있어 이것은 곧바로 일본 인구의 급속한 감소를 가져오고 있다.

일본에서는 이런 출산율 저하로 인한 인구 감소현상을 '소자화(少子化)'라고 부르고 있다. 여기에 일본은 세계 일등 장수국가이다. 일

●연령별 남녀 미혼율 비교

(조사년도 : 2000년 /단위 : %)

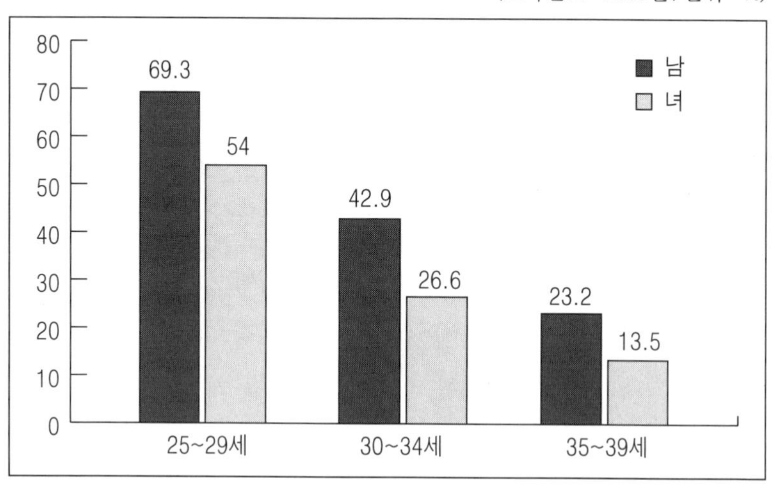

〈자료 : 일본 국세조사〉

본의 남자 평균수명이 78세, 여성은 85세이며, 일본인 5명 중 1명은 65세가 넘는 세계 최고의 장수국이다.

이러한 인구의 고령(高齡)화 현상까지 합쳐지는 소자고령(少子高齡)화, 사회인구 불균형 구조를 갖게 되었다.

2003년 현재 일본의 65세 이상 고령자 비율은 19%에 이르고 있다.

●연도별 일본 남녀의 미혼율 추이

(대상 : 30세~34세)

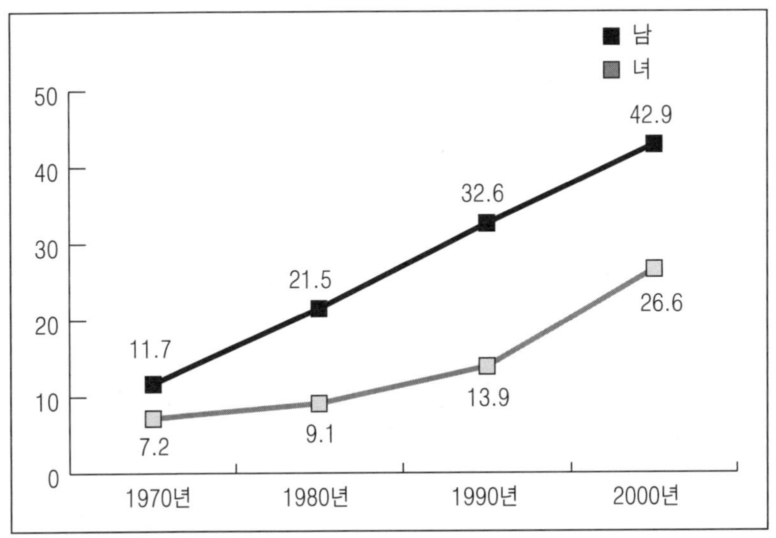

〈자료 : 일본 국세조사〉

만혼(晚婚) 연령인 30세~34세에도 결혼을 하지 않은 미혼(未婚)율이 여자는 1970년 7.2%에서 2000년 26.6%로 늘어난 반면, 남자는 11.7%에서 2000년 42.9%로 여자보다 대폭 늘어났다.

더욱이 결혼연령이 이미 지났다고 생각하는 35~39세인 경우도 2000년 여자 13.5%, 남자 23.2%로 남자가 더 많다.

이와 같이 미혼율의 차이가 남성이 여성보다 높고, 점차 남녀간 차이가 더 벌어지는 것은 장기 불황이 중요 요인이다. 이는 결혼에 필요한 자금의 준비, 가족 부양에 대한 경제적, 심적 부담이 남자가 여자보다 크기 때문이다.

이는 단순히 가족관계 변화뿐 아니라 일본 사회의 전반적인 구조 조정을 말해주고 있다. 이에따른 인구의 감소는 일본 사회의 큰 변화를 가져오고 있다.

일본의 자녀 출산율을 보면 1970년대 평균 2명으로 안정을 보였으나 이후 꾸준히 감소, 1999년 출산율이 1.36명으로 OECD 국가 중 최저를 기록했다.

●연도별 출산율 추이

(단위 : %)

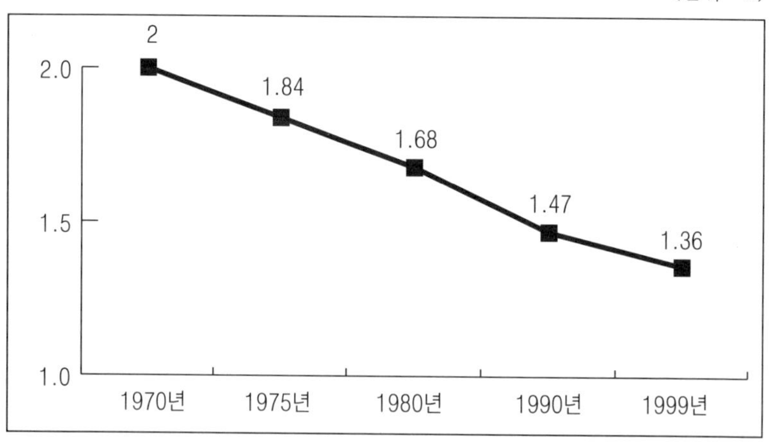

〈자료 : 일본 총무성〉

이러한 일본의 출산율의 감소는 고령 인구의 증가에도 불구하고 전반적인 인구의 감소로 직결되었다.

출산율 감소는 어린이 인구의 감소로 이어져 2004년 만 15세 미만의 어린이 인구는 2003년에 비해 20여만 명이 줄어든 1,781만 명으로 23년 연속 감소 추세를 보이고 있다. 인구대비 15세 미만의 어린이가 차지하는 비율은 13.9 %로 세계 최저를 기록하고 있다.

●각국의 어린이 인구비율

(대상 : 만15세 미만/단위 : %))

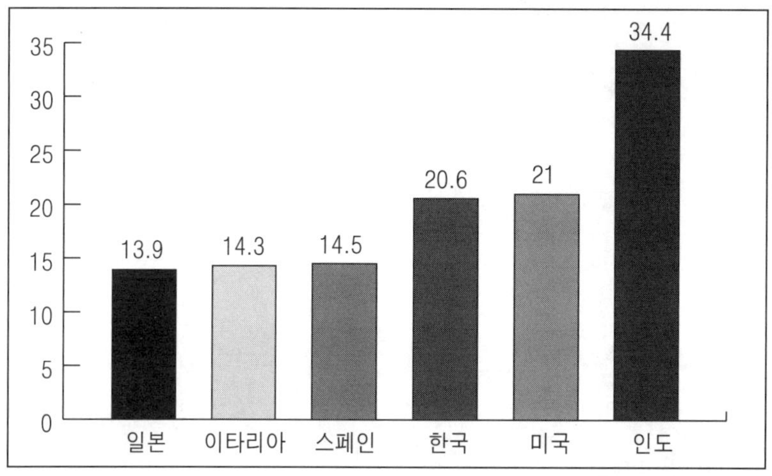

(자료 : 일본 총무성)

일본의 인구변화 추이를 보면, 과거 일본이 식민지를 경영했던 1920년대에 5,595만 명에서 경제부흥기인 1967년에는 1억20만 명, 경제거품이 한창인던 1995년에 1억2,560만 명으로 기록됐다.

그러나 1995년을 정점으로 인구 감소추세가 발생, 이른바 소자화(少子)화 현상이 지속되었다. 만약 이런 추세가 계속 될 경우 2050년에는 1억 명, 2100년에는 6,700만 명 수준으로 일본의 인구는 급격히 감소될 것으로 예상되고 있다.

●연도별 일본 인구 추이

(단위 : 만 명)

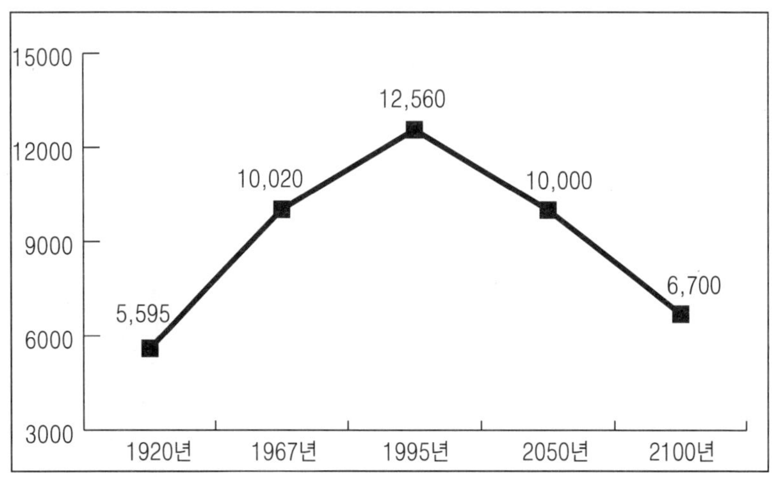

〈자료 : 일본 총무성〉

일본의 인구 감소현상은 향후 일본 발전에 지대한 장애 요소로 작용할 것으로 판단된다. 이에 일본 정부에서도 인구 감소에 대한 대책 수립을 적극적으로 추진하고 있다.

우선 저출산을 막기 위해 2004년에만 2,500억 엔(약 2조5,000억 원)을 투입할 예정이다. 또한 불임부부에 대한 치료비 보조, 아동복지시설 확충, 취학전 아동에게만 지급되던 육아보조금을 초등학교 3학년까지 확대하는 등 저출산으로 인한 인구감소 방지책을 추진하고 있다.

그러나 현재 일본사회에 짙게 깔려있는 결혼과 출산기피로 인한 소자(少子)화 현상은 국민들의 자녀출산과 결혼관에 대한 의식 변화가 없는 한 당분간 지속 될 것으로 예상된다.

일본에서 대학 등급을 구분할 때 이런 말이 있다.

* 일등급 학교 : 죽도록 공부해도 못들어가는 학교

* 이등급 학교 : 열심히 공부하면 들어갈 수 있는 학교

* 삼등급 학교 : 열심히 공부안해도 들어갈 수 있는 학교

* 사등급 학교 : 줄만 서면 들어가는 학교

* 오등급 학교 : 줄 안서도 들어갈 수 있는 학교

물론 이같이 대학을 등급을 매긴다는 것은 여러가지 도리에 맞지 않겠지만, 현실적으로 일본에서는 죽도록 공부해도 들어가기 힘든 학교가 있는가 하면 줄만 서면 들어가거나 줄 안서도 학생을 모셔가는 학교가 있는 것은 사실이다.

많은 학생들의 선망의 대상인 일, 이등급 학교의 경우 학생 모집에 큰 문제가 없겠지만 삼, 사, 오등급 학교에서는 우수 학생 유치는 고사하고 모집 정족수 채우기도 어려운 실정이다.

지금의 일본은 대학은 많고, 학생은 적어지고 있는 것이다.

문제는 학생 유치가 상대적으로 어려운 대학이 대부분 사립대학이라는 점이다. 사립대학의 경우 수업료로 재정을 충당하다보니 학생 부족으로 인한 심각한 재정난에 봉착하고 있다.

일본 사회 전반에 흐르는 저출산 소자(少子)화 분위기는 직접적으로 로 대학 입학 학생 자원의 감소를 의미한다.

실제로 대학 입학연령인 18세 학생 인구수는 1966년 249만 명에서 2002년에는 150만 명으로 무려 99만 명이 줄었다. 이와 같은 추세를 감안하면 2009년에는 121만 명으로 감소할 것으로 예상된다.

그러나 18세 인구가 가장 많았던 1996년 249만 명에서 2002년에 150만 명으로 줄어든 반면, 4년제 대학수는 1965년 317곳에서 2002년에 686곳으로 369개나 늘어났다. 또한 4년제 대학과 단기대학(전문대)를 합쳐 1966년 759개 대학에서 2002 년 1,227개로 468개나 늘어났다.

이런 결과는 학생은 줄고 대학은 늘어 지금 대학의 학생유치가 매우 어려운 상황을 맞이하고 있다.

이러한 현상은 최근들어 더욱 심하게 나타나 급기야 대학이 학생부족으로 심각한 재정난에 봉착하는가 하면, 심지어 학교가 도산에 이르는 상황을 맞았다.

2003년 일본 사립학교 진흥공제사업단에 조사한 바에 의하면 조사 대상 4년제 사립대학 521개 중 정원미달 학교가 147개로 전체의 28%이고 정원의 반을 못채운 학교도 17개나 달했다.

2,3년제 단기대학(전문대학)의 경우는 더욱 심각하다. 조사대상 415개 단기대학 중 정원미달 대학이 189개로 전체의 45%에 달하고 정원을 반도 못채운 단기대학이 30개에 이르렀다.

그러나 문제는 전망이 더 어둡다는 데 있다.

조사기관의 자료는 대학입학 연령인 18세 인구가 2010년에는 120만 명까지 감소할 것으로 추정하고 있기 때문이다.

2010년에는 대학 지원자수 55만1,000명, 대학정원 55만7,000명으

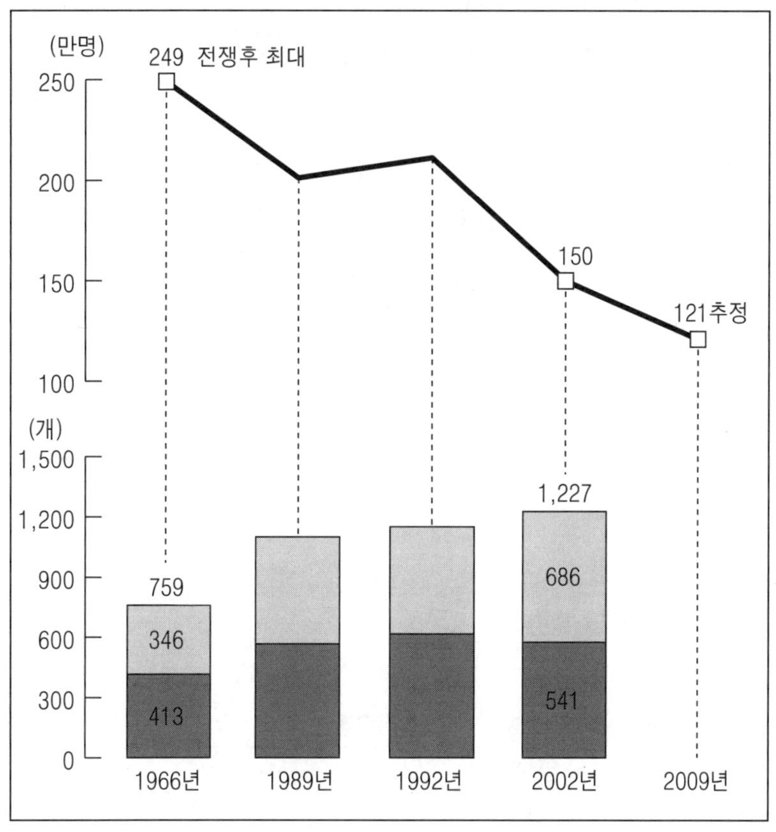

로 대학 지원자 전원이 대학에 입학을 하게 되는 '전원입학시대(全入時代)'에 돌입하게 된다.

이런 상황에서 4년제 대학의 74%가 사립대학으로 구성되어 있는 일본 교육계의 현실상 사립학교의 재정은 더욱 부실화 할 가능성이 농후하다. 즉 학생수의 감소는 학교 경영에 지대한 영향을 주고 있기 때문이다.

　이런 사태는 이미 발생되고 있다. 2001년 적자 상태에 빠진 4년제 사립대학은 113개교로 전체의 약 25%, 2003년은 8개 대학이 신입생 모집을 중단하는 심각한 상황까지 이르렀다.

　2년제 단기대학(전문대)의 경우 더욱 심각해 최근 5년간 24개교가 학생 모집을 중단했다. 결국 4년제 대학인 히로시마의 릿시칸(立志館)대가 전후 최초로 자진폐교 해 '대학 망(亡)하는 시대' 돌입에 대한 충격이 일파만파 퍼지고 있다.

　일본 동북부 센다이(仙臺)시의 도후쿠(東北)문화학원대학은 부채 300억 엔을 자체적으로 해결할 수 없다고 도쿄지방법원에 민사재생법적용을 신청했다. 학교는 법원과 채권자의 판단에 따라 파산처리될 수 있는 상황이다.

●대학정원 미달 현황

(2003년도)

구　　분	조사대상 대학수	정원미달대학수	50%이상미달대학수	비　고
사립대학(4년제)	521개	147개	17개	
단기대학(2.3년제)	415개	189개	30개	

〈자료 : 일본 사립학교 진흥공제 사업단〉

　이제 일본 대학들은 그동안 '도산'의 무풍지대에서 이제는 '도산'될 수 있다는 현실에 모두들 긴장하고 있다.

　이것은 사회로부터 존경과 보호를 받았던 대학에 냉혹한 시장논리가 적용된다는 것을 의미한다.

최근 일본의 각종 경제지표는 일본 경제의 회복을 알리고 있다.

그러나 일반 국민들이 느끼는 체감경기는 아직도 얼어붙어 있다. 장기간 불황 지속에 따라 가장 고통을 받는 것은 대졸자로 그들이 당면한 가장 큰 문제는 바로 취업이다.

일본 후생노동성과 문부과학성이 발표한 대졸자의 취업내정률 현황(2003년 12월 1일 기준)에 따르면, 2002년보다 3.2%가 하락한 73.5%로, 1996년 이래 최저치를 기록했다.

2003년 11월 말 기준 고교졸업자 취업내정률은 61.4%로 1987년 이후 두 번째로 낮은 것으로 조사되었다.

이렇듯 일본 대학 졸업자들과 일본 청소년들이 느끼는 가장 큰 고통은 취업난으로 앞으로 일본 사회가 해결해야 할 가장 시급한 문제이다.

일본 내각부가 2004년 1월 발표한 '세계 청년층 사회교육관 조사'는 일본, 한국 등 5개국 청소년 각 1,000명을 조사한 결과, 일본에서 가장 큰 문제는 취업과 실업이라고 전체의 64.6%가 답변을 했다.

이에비해 한국 청소년들은 전체의 63.2%가 '학력에 의한 수입 격

●**한일 청년층의 사회 교육관**

(단위 : % / 질문당 가장 많은 응답기준)

구 분	가장큰 사회문제	학교다니는 이유	사회의 대졸자 평가기준
일 본	취업난, 실업(64.6%)	친구사귀기(61.5%)	전공(45.7%)
한 국	학력에의한 수입격차(63.2%)	학벌,자격취득(52.6%)	일류대학(54.4%)

〈자료 : 일본 내각부〉

차' 라고 답변하였다. 한국학생들이 학교 다니는 이유로 '학벌, 자격 취득' 을 목적이라고 답변을 했다. 또 사회의 대졸자 평가 역시 54.4% 가 '대학 등급' 이라고 답변해 한국 사회가 학벌 지배구조에서 벗어 나지 못하고 있음을 보여주고있다.

이렇게 학벌이 지배하는 한국 사회에서는 대학 입학자체가 장래의 인생을 결정지어 만성적인 사교육의 늪에서 벗어날 수 없는 것이다.

반면 일본은 사회의 가장 큰 문제점으로 취업난과 실업을 꼽고있 지만, 학교 다니는 이유는 '친구사귀기' 로 대학을 사회활동을 위한 준비과정으로 생각하고 있다. 대졸자 평가기준도 '전공' 이라고 답변 해 대학이 사회에서 필요한 전문성을 대학에서 준비한다는 과정으로 받아들이고 있다.

일본에서 정규직을 얻지 못하는 청년 실업자 수는 2010년 사상 최 대인 476만 명으로 예상된다고 일본 민간연구소(UFJ)는 예측하고 있 다.

그러나 일본 기업들은 청년층 실업 해결에 인색하다.

많은 일본 기업들은 인건비 삭감을 통한 국제 경쟁력 강화를 목적 으로 생산공장에서 정규직 사원보다는 비정규직 사원을 늘리고 있는 현실이다.

일본 민간연구소(UFJ) 조사에 따르면 향후 비정규직 사원을 계속 늘리겠다는 기업이 58%로 나타나 향후 비정규직 증가 추세가 가속되 어 청년실업난은 계속되리라 생각된다.

고교졸업생의 취업 상황은 더욱 심각하다. 2004년 고교졸업 예정 자 약 124만2,000명 중 취업 희망자는 23만3,000명으로 이중 취업 확정자는 절반에 못미치는 11만2,000명에 불과한다. 장기 불황에 따라 전통적인 '평생직장' 개념이 무너지고 있다.

해서 일본에서는 '프리터'와 '패러시이트 싱글'이라는 신조어가 생겨나기도 했다.

프리터는 자유(free)와 근로자(arbeiter)의 합성어로 일하고 싶어도 정규 직장을 얻는데 실패한 15~34세 젊은이들을 부른다. 여기에는 학생과 주부는 제외된다.

2003년 일본 정부 발표에 따르면 15~34세 젊은이 중 이렇게 프리터생활을 하는 사람이 206만 명에 달하고, 아예 아무런 일을 하지 않는 청년층도 211만 명에 달한다. 또한 프리터들은 생활이 불안정할뿐 아니라, 최소한의 소득(所得)으로 하루하루 생활을 하고 있다.

프리터들은 2001년 기준으로 연간 평균 106만 엔을 벌어 104만 엔을 소비 한 반면, 정규직 근로자들이 387만 엔을 벌어 283만 엔을 소비하는 것으로 나타났다. 프리터와 정규직간의 소득과 소비 규모에서 큰 차이가 나고 있는 것이다.

또한 패러시이트 싱글이라는 유행어도 있다.

이는 기생충(Parasite)과 독신(Single)의 합성어로 성인이 되어도 결혼하지 않고 부모에게 생활을 의존하는 이른바 기생독신(寄生獨身)을 말한다. 현재 20세에서 34세까지의 전체 미혼자 1,672만 명 중 67%인 1,120만 명이 패러시이트 싱글로 살아가고 있다.

이렇듯 일본 사회에서 청년실업 문제는 단순한 사회 문제를 떠나 앞으로 일본을 짊어지고 나갈 청년층에게 희망을 주지 못하는데 더 큰 우려가 있는 것이다.

일본이 10년이 넘는 장기 불황으로 대학생들의 고통은 날로 악화되고 있다. 취직난에 스트레스를 못이겨 자살을 하는 불행한 사태가 발생하고 이는 사회 전반에 어두운 그림자를 드리우고 있다.

일본 '전국대학 생활협동조합연합회'가 2003년 5월, 대학생 9,000명을 조사했다. 그 결과 홀로 객지 생활을 하는 대학생들의 생활비, 식비, 책값이 차지하는 비율은 1963년 첫 조사 이래 최저 수준을 기록하였다.

식비는 평균 한 끼당 390엔(4,000원)으로 10명 중 1명은 300엔(3,200원) 미만이며 상당수는 굶는 경우도 많은 것으로 조사됐다.

또한 책값은 2,560엔(27,000원)으로 1980년도 5,350엔(55,000원)의 절반 이하로 떨어졌다. 이는 경제불황에 따른 궁핍한 생활로 학생들에게 필수 사항인 책을 사보는 것이 급감한 것으로 나타났다.

지금 일본 대학생들의 전체 생활비에서 책값이 차지하는 비율은 2.1%에 불과, 장기 불황의 골이 얼마나 깊은 가를 보여주고 있다.

대학생들의 한달 평균지출은 12만4,820엔(133만 원)으로 최저생활을 유지하는데 만만치않은 비용을 지출하고 있다. 또한 장기 불황으로 인한 취업난으로 매년 300여 명 이상의 대학생이 자살하고 있다. 이는 취업난 등에 따른 스트레스를 이기지 못한 결과이다. 더욱이 자살하는 대학생들에게 자살을 손쉽게 도와주는 인터넷 자살 카페까지 성행하고 있는 현실이다.

이러한 대학생 자살에 대한 조사는 대학생 70만 명이 가입한 '대

(년/명)

년 도	1990년초	1999년	2000년	비 고
건 수	200명	363	340	

〈자료 : 일본 경찰청〉

학생협동연합공제센터' 가 발표한 결과를 보면 쉽게 알 수있다.

'대학생협동연합공제센터' 가입자 중 자살자에게 지급하는 자살 공제금 지급 건수가 90년대 초 50건, 97년 80건, 2000년 99건으로 늘었으며, 2004년에는 1, 2월 2개월 동안 무려 80건에 달해 일본 사회에서 대학생들의 자살이 얼마나 증가하는 지를 보여주고 있다.

특히 대학생들의 자살 동기가 장기 불황에 따른 취업난과 자신의 불투명한 진로문제 때문이라는게 조사 기관의 분석이다. 특히 4학년(4학년 휴학생 포함)이 저학년인 1, 2, 3학년에 비해 월등이 높다는 것은 4학년들이 취업난 등과 같은 자신의 진로 문제로 과중한 스트레스에 시달리고 있다는 것을 보여준다.

이에 각 대학들은 문제의 심각성을 인식하고 자살 예방을 위한 전문가와 선배 등을 통한 고민 상담 프로그램 개발에 힘쓰고 있다.

일본 사회 자살의 증가는 비단 대학생만의 문제가 아니며, 경제 및

●학년별 자살 공제금지급 건수 비고

기 간	총지급건수	1 학 년	2-3학년	4 학 년	비 고
2004년	80명	7명	29명	44명	4학년(휴학
(1월~2월)	비율	8.7 %	36 %	55 %	생을 포함)

〈자료 : 대학생협동연합공제센터〉

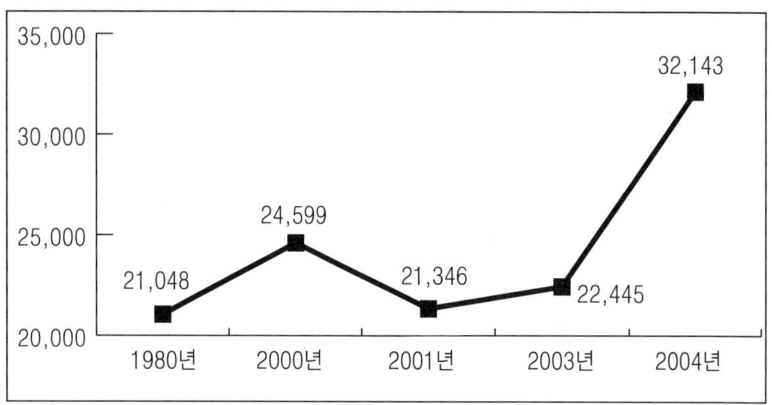

생활고로 인한 일반인의 자살도 급증하고 있다.

2002년 1년 간 자살자수는 31,143명으로 5년 연속 매년 3만 명 이상을 기록했다.

그것도 자살 동기가 경제 및 생활 문제로 전체의 25%가 되는 7,940명으로 집계되고 있다. 그 중 부채로 인한 자살이 4,143명으로 전체의 52 %를 차지, 일본 경제불황이 얼마나 심각한 가를 말해주고있다. 또한 2003년 일본 전체 자살자가 32,134명으로 집계, 매일 평균 88명씩 자살한다. 이같은 수치를 볼 때 일본 사회의 어두운 면을 볼 수 있다.

일본 사회는 저출산으로 인한 교육 인적자원이 현격히 감소되고 있다.

실제로 대학에 진학하기 위해 대학 입학시험에 참가한 수험생수는 10년 전에 비해 28%정도 감소한 것으로 나타났다.

또한 많은 일본 학생들은 일본 대학보다 미국 등지의 대학 진학을 희망해 미국, 영국 등으로 떠나고 있다. 결국 급격한 학생 자원의 감소로 학생 모집에 곤란을 겪고 있으며 그나마 해외로 많은 학생을 뺏기고 있는 것이다.

이러한 학생 유출을 막고 우수한 국내 학생을 유치하기 위해 대학은 끊임없는 내부 개혁을 해야 한다. 또한 치열한 경쟁 속에서 살아남기 위한 체질강화를 할 수밖에 없는 것이다.

장기간 계속되는 경기침체로 인한 일본 국민의 무력감과 좌절감을 되살리기 위해서는 대학이 앞장서야 한다. 즉 시대 상황에 맞는 인재 육성을 해야하고 이것만이 일본을 되살리는 유일한 방법인 것이다. 그러기 위해 대학은 관습적인 틀을 과감히 벗고 변해야 된다는 공감대가 일본 사회에 넓게 형성되어 있다.

'대학이 변해야 일본이 산다.'

'일본이 다시 경제 부흥을 이루고 아시아를 대표 할 수 있는 자신감의 회생(回生)은 대학으로부터 나온다.'

오늘의 일본은 세계 제 2경제대국임에 틀림없다.

그러나 세계 제 2경제대국에 걸맞는 세계 수준의 일본 대학이 많지않고 전체적인 일본 대학의 수준과 인지도는 그다지 높지 않다. 오히려 경쟁국에 비해 부족한 점이 많은 것이 일본 대학의 오늘의 모습이다.

이런 위기감에 대한 공감대가 '국립대학의 특수법인화' 추진이라는 대변화를 가져왔다.

그동안 일본 국립대학은 정부의 통제권 내에서 유지되어 왔다. 정부의 틀 속에서 독자적으로 학사운영을 할 수 없었고, 독창적인 기술이나 학문을 소개하는데 어려움이 많았다.

하지만 이제부터 국립대학은 기계적으로 배분받았던 국가 예산도 이제는 대학평가위원회에서 6년마다 대학 실적을 평가해 예산을 증감, 국립대학의 변신 노력이 더욱 커질 것으로 보인다.

국립대학의 특수법인화 이후 국립대학 교수들은 이제 신분상 공무원이 아니며 평생 교수직을 보장받지 못하고 능력제 연봉을 받는다. 그동안 철밥통같은 분위기에 안주했던 교수들은 이런 변화를 인정하면서 내심 불만을 토로하기도 한다

일본 문부과학성이 주도하고 있는 국립대학의 법인화는 사립대학에도 큰 변화의 파장을 던져주고 있다. 이제 국립대학 변화의 불씨는 일본 국공립, 사립대학에 변화의 불길을 피우고 있다.

사립대학 역시 이대로 머물다간 고사(古死)하고 만다는 위기감이 팽배하고 있다.

일본 국립대학들의 법인화 이후 일본 사립대가 느끼고 있는 긴장감은 한층 더하다.

국립대가 법인화 됐지만 그래도 정부의 예산을 받아 살림살이를

하는 것에 비해 사립대학은 정부의 지원없이 오로지 학교 사업만으로 살아가야 하는 상황이기 때문이다.

국립대학의 학비 연 52만 엔에 비해 비싼 학비를 받고 있는 사립대학들은(문과 70만 엔, 이과 90만 엔) 많은 학생들이 국립대학을 선호, 사립대학의 학생 모집은 더욱 힘든 형편이다.

인구 감소에 따른 인적자원 부족이라는 냉혹한 현실속에서 각 대학들은 무엇보다도 생존 자체의 절박한 위기감에 휩싸여 있다. 이같이 급속히 변화되는 교육시장 환경에서 대학들은 어떻게 해야 살아남는 가를 고민하는 것이다.

일반적으로 학교의 역사가 오래되고 소위 명문대학일수록 개혁과 변화에 대해 소극적인 경우가 많다. 왜냐하면 명문대학은 많은 학생 자원과 훌륭한 교수진을 확보하는데 큰 어려움이 없어 긴박감이 적기 때문이다. 그러나 명문대학들은 끊임없는 개혁으로 대학의 변화를 추구하고 있다.

더욱이 사립대학들은 최근 국립대학의 파격적인 개혁 행보가 국립대학과의 학생 유치 경쟁의 또다른 새로운 변수로 등장하고 있음을 알고 있다. 이미 일부 사립대학의 정원미달 사태가 발생되고 있다. 심지어 정원의 50%도 못채우는 학교도 다수 발생하고 있다.

2010년 경이 되면 대학 지원 학생보다 대학 정원이 더 많은 ‘전원입학 시대(全入時代)’가 예측된다. 앞으로 대학은 발빠르고 파격적인 변화없이는 생존 자체에 문제가 되는 현실이다.

각 대학들은 치열한 경쟁속에서 살아남기 위한 갖가지 방안을 모색하고 있다.

각 대학이 내세울 수있는 특성과 개성을 부각시켜 대외적으로 홍보에 주력하고 있다. 과거 국립대학이라는 신분만으로 인기를 누렸던 시대는 이미 지나갔다.

오비히로(帶廣) 축산대학은 축산위생 분야로는 아시아에서 단 하나뿐인 단과대학으로 세계적인 연구 실적을 내는 것을 목표로 하고 있다.

사립대학인 도쿄(東京) 이과대학은 20억 엔을 투입, 지바현에 '게놈 신약 개발연구센터' 를 설립했다. 세계적으로 생명 과학, 게놈을 연구하는 연구소는 많지만 게놈을 활용한 신약 개발이라는 특수 분야에 집중투자, 이 분야에서 세계적인 신약을 개발하려는 것이다.

일본 복지(福祉)대학교는 의료, 복지부문에 초점을 맞추어 일본 최초로 복지분야 경영 대학인 '복지경영대학' 을 설립했다. 향후 의료, 복지분야의 인재양성을 위해 우수 교수진 확보와 특성화된 교과로 일본 제일의 대학을 만드는 목적이다.

이러한 대학의 특성화와 개혁으로 대학 지원학생이 줄고 대학 정원미달 사태가 벌어지는 가운데서 오히려 수험생이 몰리는 학교도 생기고 있다.

1997년에 환경정보학부를 신설하고 공학부를 재편하는 등 대학개혁정책을 강하게 추진했던 무사시(武藏)공업대가 그 좋은 예이다. 또한 2000년 대학개혁종합정책을 수립하고 수리정보 학부 등 신설과 문 · 외국어 학부를 재편한 난잔(南山)대, 각종 학사 개혁정책을 추진한 호세이(法政)대, 리쓰메이칸(立命館)대, 쯔쿠바(筑波)대, 릿쿄(立教)대 등의 수험생은 오히려 늘어나고 있다.

결국 급변하는 사회환경 속에서 대학 스스로 얼마나 능동적인 변
화를 추구하는 가가 생존과 발전의 지름길이라는 것을 깨닫고 있는
것이다.

2004년 4월, 국립대학이 정부조직에서 법인으로 전환, 반(半)민영화를 이루었다

이것은 일본 대학 역사상 일대 큰 변화의 시도로 평가할 수 있다.

그동안 국가의 보호와 관리를 받던 국립대학들이 민간 기업과 같은 체제를 도입한 것이다. 이에 맞춰 사립대학 또한 적자 생존의 교육 시장논리에서 새롭게 변신하는 국립대학과의 경쟁을 위한 고강도 개혁 드라이브를 추진하고 있는 것이다.

일본의 최근 10년 동안의 고등교육 개혁은 메이지유신 이래 세 번째의 교육개혁인 것이다. 이를 일본의 언론에서는 '제 3의 대학개혁'이라고 부른다.

일본 대학교육 개혁은 1870년대 근대적 고등교육체제 형성으로 시작되었다. 그 뒤 1872년 학제(學制) 구분과 동경대학(1877설립), 제국대학(1886설립) 설립 등 일본제국대학령 공표는 첫 번째 교육개혁이라고 불리운다.

그후 2차 세계대전이 끝나고 1949년에 신제(新制)국립대학이 발족한 것을 두 번째 교육개혁 시기라고 볼 수 있다.

하지만 지금까지 일본의 교육체제 변화는 매우 보수적인 입장에서 추진된 것이다. 그에 비해 최근 2003년 '국립대학 법인법안'은 고등교육의 발전사 중 매우 획기적이며 이례적인 대사건이라고 볼 수 있다.

'국립대학 법인법안'은 전국 89개 국립대학이 지금까지의 운영시

스템에서 벗어나 자율성과 함께 적자생존의 원칙에 따라 대학간 경쟁이 시작됐음을 의미한다. 우선 법인화에 따른 가장 큰 변화는 교직원의 신분이 그동안 공무원형 교직원에서 법인직원으로 전환되고 학생 선발 및 학사 운영의 자율권이 확대된 것이다.

일본 국립대학은 학교운영의 중장기 계획을 문부성에 제출한다. 문부성의 국립대학 법인평가위원회는 제출된 계획서를 분석, 그 결과에 따라 운영교부금을 차등배분, 대학 간 경쟁을 촉진하고 있다.

문부성은 각 대학의 예산에 일일이 관여했던 방식에서 탈피, 대학에 운영교부금을 주고 그 범위 내에서 대학 자율적으로 예산을 사용하게 된다.

수업료 역시 자율적으로 결정할 수 있어 인기 대학에는 수업료가 비싸도 학생들이 몰릴 것이며, 비인기 대학들은 수업료가 저렴해도 학생이 오지 않아 자연스럽게 도태할 것으로 전망 된다.

또한 대학의 경쟁력 강화를 위해 외국인의 대학총장 기용이나 민간 기업 이사가 겸직할 수도 있다. 대학의 총장 및 학장은 인사, 재정, 운영에 관해 폭넓은 권한을 갖게 되어 기업의 최고경영자(CEO)와 같은 역할을 하게 된다.

그러나 법인화를 결정하는 과정에서 반발도 당연히 거셌다.

가장 심하게 반발한 계층은 신분의 변화에 위협을 느낀 국립대학의 교직원들이다.

이들은 '정부가 교육에 경제원리를 적용하여 대학의 서열화를 조장하고 있다' 는 이유를 들어 반대했지만 실제는 교직원 신분변화에 거부감이 더 컸다.

　　국립대학 법인화 이후 각 학교는 총장, 학장과 이사로 구성된 ‘간부 경영협의회’를 설치하고 학교 경영에 참여하게 된다.

　　상당수의 일본 국립대학은 경영마인드 도입을 위해 사립대학에서 재정 및 관리운영의 많은 경험을 갖고 있는 실무 책임자를 영입, 사학의 경영방법을 도입하고 있다. 법인화 환경에 순응(順應)하기 위해 실무경험이 풍부한 전문가를 영입하는 것이 가장 효과적인 방법이라고 판단한 것이다.

● 〈일본 국립대학 통합 현황〉

일 자	대 학 명	통 합 현 황
2002년 10월	山梨大学	山梨大学＋山梨医科大学
	筑波大学	筑波大学＋图书馆情报大学
2003년 10월	东京海洋大学	东京商船大学＋东京水产大学
	福井大学	福井大学＋福井医科大学
	神户大学	神户大学＋神户商船大学
	岛根大学	岛根大学＋岛根医科大学
	香川大学	香川大学＋香川医科大学
	高知大学	高知大学＋高知医科大学
	九州大学	九州大学＋九州艺术工科大学
	佐贺大学	佐贺大学＋佐贺医科大学
	大分大学	大分大学＋大分医科大学
	宫崎大学	宫崎大学＋宫崎医科大学
2004년 4월	群马大学	群马大学＋琦玉大学
	富山大学	富山大学＋富山医科大学＋高岗短期大学
	静岗大学	静岗大学＋滨松医科大学
	滋贺大学	滋贺大学＋滋贺医科大学＋京都教育大学＋京都工艺织维大学

〈자료 : 일본문부성〉

일본 국립대학은 법인화되었지만 아직 국가로부터 운영비, 교부금 등의 형태로 지원을 받고 있다. 하지만 자금을 쓰는 방법은 상당 부문 자율에 맡겨져 있기 때문에 그동안 사학(私學)에서 많은 경험을 갖고있는 전문가를 영입하고 있다.

또한 국립대학의 통합을 통한 구조조정도 실시되고있다.

일본 대학이 통폐합을 추진하게 된 가장 큰 이유는 운영비 절감 등 학교 내 경영에 대한 구조조정에 그 목적이 있다. 또한 학교 각각의 특성들을 통합, 새로운 시너지효과를 창출하고자 하는 것이다.

2003년 4월 국회를 통과한 '국립학교 설치법 개정안' 에 의해 2002년부터 2003년까지 24개의 국립대가 12개로 통합되었다. 2004년에는 전체 99개의 국립대학이 89개로 줄어드는 국립대학 통합대작전이 진행되고 있다.

일본 대학이 개혁과 변화를 추구하는 것은 생존을 위한 변화의 몸부림이다.

일본 역시 1960년대 엄청난 대학 입시 전쟁을 치렀지만, 소자화(少子化) 현상으로 이제는 많은 대학들이 경영난을 넘어 파산에 대한 공포까지 느끼고 있다. 대학들은 개혁 열풍 영향으로 연구의 질(質)은 물론 경영의 효율성, 대학 특성화와 개성을 평가하는 대경쟁 시대에 돌입하고 있다.

이제 변화하지 않는 대학은 생존할 수 없다. 미래를 위해 오늘 변화의 고통은 감수해야 된다. 살아남기 위한 변화는 전략적이고 획기적이여야 한다.

일단 변화와 개혁의 방향이 정해진 이상 개혁을 지속하는 카리스마가 필요하다.

* 새로운 피를 수혈하여 기존의 틀을 깨자

국립대학이 반민영화 형태로 법인화되고, 국립대 총장은 실질적인 기업의 CEO가 된 셈이다. 대학의 CEO가 경영을 하는데 자문을 하고 경영을 협의하는 기구가 필요하게 되었다. 그것이 바로 '경영협의회' 이다.

경영협의회에는 그동안 국영 회사에서 민영화를 추진했던 경험있는 인사나 사립대학에서 경영 혁신을 경험을 한 전문 인사들을 대거 영입하고 있다. 이는 그동안 국립대학의 낡은 틀을 깨고자 하는데 있다.

도쿄(東京)대 총장 사사키 다케시(佐佐木毅)는 JR(일본철도)에서 재무부장을 역임한 이시 도우마사노무(石堂正信)를 영입했다.

과거 민영화를 추진했던 경험있는 그에게 도쿄(東京)대의 경비절감과 경영의 합리화를 추진하도록 했다. 그는 도쿄대학 내에 '재무분석실'을 신설하고 대학본부의 재무와 업무를 통일했다.

또 국립대학이 관례로 시행했던 예산 집행, 결산시스템을 정리하고 도쿄대 전체의 자금 흐름을 투명하게 진행해 이제 독립법인으로서 재무내용을 교직원에게 설명할 수 있도록 하였다.

또한 도쿄(東京)대는 경영과제를 심의하는 경영협의회 위원으로 JR(일본철도) 동일본 사장인 오쓰카 무쓰타케(大塚陸毅)를 영입했다. 그는 JR의 민영화를 통해 쌓은 노하우를 바탕으로 기업적인 감각과 시각으로 대학경영에 새로운 바람을 불러일으켰다.

역시 국립대학인 히토쓰바시(一橋)대학은 이 학교의 경영협의회 멤버로 사립대학인 와세다(早稻田)대학 부총장인 세키 쇼타로(關昭太郎)를 영입했다.

세키부총장은 와세다대학에 들어오기 전 SMBC증권사장을 지냈다. 그는 와세다대학 재무담당이사로 '검약(儉約)의 악마'라는 별명을 얻으며 경비 절감책을 성공시켰다. 당시 390억 엔에 달하는 대학의 부채를 절반으로 줄이는데 혁혁한 공을 세우는 등 와세다대학의 새로운 변화 바람을 일으킨 인물이다 그는 히토츠바시 대학에 영입되자마자 대학의 재정 독립을 주장하며 개혁을 칼을 대고 있다

교토(京都)대학도 JR서일본회장 출신인 마사타카(井手正敬)를 영입, 국영회사에서 민영화를 추진한 경험을 십분 활용하고 있다. 또한 교토대학은 타 대학출신 고위간부도 적극 영입하여 학교 내에 새로운 피를 섞고 있다

도시샤(同志社)대학의 학장인 하타에이지(八田英二)과 리쓰메이칸(立命館)대 학장 출신인 마사테루(大南正瑛)를 영입한 것이다.

홋카이도(北海道)대학은 역시 JR동일본회장인 마쓰다 마사타케(松田昌士)를 경영협의회위원으로 선임했다.

이렇게 기업 및 경제인 출신의 대학 경영협의회 위원은 약 100여 명에 달하고 있다.

이제 일본 대학은 학교이외의 새로운 피를 섞음으로써 분위기를 쇄신하고 기업의 경영기법을 도입, 국립대학 개혁의 칼로 활용하고 있는 것이다.

* 각종 위원회를 폐지하다

대학은 민주적인 의사결정을 위해 각종 위원회가 조직되어 있고 주제별로 교수들이 구성되어있다. 이런 위원회는 본래 민주적이고 창의적인 의사결정 기구의 역할을 하는 대학 내 기구이다. 그러나 위원회가 갖는 역할에 비해 업무추진상에서 불편한 기구로 전락한 경우가 많았다.

각종 의사결정에 있어 절차와 시간도 많이 소요되었다. 또 조직원들이 의사결정 형식을 빌미삼아 누구도 책임을 지는 사람이 없는 책

임 회피 기구로 활용되는 경우가 많았다.

홋카이도(北海道)대학은 16개였던 각종 위원회를 반으로 줄이고 그 대신 총장 직속의 기획, 경영, 연구전략실 등 5개의 과를 신설했다.

오차노미즈(お茶の水) 여자대학도 60개가 넘는 위원회를 폐지하고 11개의 과를 신설했다.

* 전문직 대학원 설립 붐

2004년 4월 1일부터 국립대학은 법인화되었고 사립대학을 포함, 법과대학원, 전문 대학원 등이 개교하였다.

법과대학원은 변호사 자격증을 따기 위한 대학원 과정으로 일본 문부성은 실무 경험자와 일반인 출신을 30% 이상 선발하도록 의무화하고 있다.

법과대학원의 개설 신청에 전국적으로 72개 대학(국, 공립22개, 사립대 50개)이 신청한 것은 법률가 양성이 전문교육을 통한 경쟁시대에 돌입했다는 의미이다. 이러한 개혁의 변화는 그동안 대학이 이론 중심의 법과대학에서 실무 중심의 법과대학원으로 개편되고 있는 것이다.

법과대학원 도입 후 신입생을 모집한 대학은 총 68개 대학 5,767명이다. 그 중 35%가 대학에서 법학을 전공하지 않은 비전공자들로 평균 경쟁율도 13대1에 달한다. 이러한 비전공자는 의학이나 공학 전공자들로 그동안 법률과는 거리가 먼 사람들이다. 또한 학생 선발방법에 있어서도 다양한 인재 모집을 위해 미국의 'AO방식'에 의한 인재 선발방법을 도입하는 대학도 생기고 있다.

이런 시도와 접근은 현재 일본 대학 상황에서는 대단한 변화라고 볼 수 있다.

또한 전문분야에 근무할 전문 기술인력을 양성하고 있는 일본에서 IT전문인력 양성을 위한 IT전문직 대학원이 2005년 처음으로 설립된다. 이곳에서는 대학과 전문대 졸업생, 재교육을 받고자 하는 사회인을 대상으로 대학의 연구 인력 양성과는 다른 실제 현장에서 직접 뛸 수 있는 전문인력을 육성하게 된다.

현재 일본 내 IT전문인력은 42만 명 정도 부족해 이들의 양성이 매우 시급한 실정이다.

이 전문직 대학원은 IT관련 기업 등 민간업계가 재정 지원을 통해 운영의 주체가 된다. 또 기업의 시스템엔지니어 등 현장 전문가가 강의할 예정이다. 일본 정부 또한 교육프로그램 개발을 지원, 기업과 정부, 학교가 공동으로 참여하는 프로그램으로 지원하고 있다. 전문대학원은 석사과정으로 수강 기간은 1~2년으로 되어 있다

일본 대학들은 경쟁적으로 애니메이션 대학원 설립에 나서고 있다.

도쿄예술(東京技術)대는 요코하마에 영상대학원 설립을 추진 중이며, 일본의 사학 명문 게이오(慶應義塾)대도 조만간 디지털미디어 콘텐츠 종합연구기구를 대학 내에 설치할 계획이다. 도쿄예술대가 추진 중인 영상대학원은 우선 영화전공 대학원으로 시작해 점차 애니메이션 및 게임 영역으로 전공 과정을 확대할 계획이다.

170

애니메이션 분야 최고 전문가들로 구성될 게이오대 디지털미디어
콘텐츠 종합연구소도 애니메이션 제작기술 과정을 중점적으로 다룰
예정이다.

현재 일본에서는 법과대학원 등을 비롯한 전문직 대학원의 설립을
통하여 국가의 경쟁력의 지표가 되는 대학원의 질(質)과 역할 향상에
주력하고 있다. 이는 학문의 질을 높이기 위한 대학원 커리큘럼의 대
대적인 변화를 가져오고 있다.

* 순혈(純血)주의를 깨라

일본 대학의 순혈주의는 그동안 일본 대학 사회를 지배하는 관행
적인 일이다. 대학을 나와 같은 대학원을 진학, 학위를 따고 그·대학
에 임용되어 교직을 수행하는 것을 일명 대학의 순혈주의라고 부른
다.

이러한 대학 순혈주의는 학교 동문(同門) 사이에서 서로 교수 자리
를 물려주고 받는 일로서 일본의 대다수의 대학에선 거의 전통으로
되어 있었다.

이것은 스승과 제자, 선배와 후배와의 대물림이 계속되는 과정으
로 여기에는 절대적인 충성심과 복종심이 요구되기도 한다. 왜냐하
면 한번 잘못보이면 영원히 기회를 상실하기 때문이다.

타교 출신에 대한 배타적인 입장은 더욱 심하다.

순혈주의는 말그대로 우리끼리 그것도 맘에 맞는 사람끼리 잘 살
아보자는 식의 잘못된 관행이라 해도 과언이 아닐 것이다.

일본 대학에서 과감히 순혈주의를 깬 대학은 일본 사학의 명문 와세다(早稻田)대학이다. 와세다대학은 타대학 출신 교수 비율이 10년 전 20%에서 지금은 40% 정도까지 끌어올렸다. 앞으로 2007년에는 50%까지 높일 계획을 갖고 있다. 와세다대학은 그동안 많은 일본 대학들이 교수 자리의 내부자 거래로 대학의 경쟁력을 약화시키고, 학교 발전을 저해한다고 판단했다. 이에 타대학 출신에 대한 대폭적인 문호개방으로 우수한 연구인력을 영입, 대학에 새로운 활력을 불러넣었으며 연구의 질(質) 향상에도 큰 기여를 하고 있다고 보고 있다.

* 교직원도 연봉제와 임기제

고지(高知)공과대학은 전 교수들을 대상으로 연봉과 임기제를 도입했다.

모든 교수들은 기본 연봉을 일률적으로 1,100만 엔으로 정하고, 1년에 한 번씩 평가, 50만 엔씩 올리거나 내린다.

교수들의 1년간 수업 평가와 연구실적은 '교육, 연구, 산학연계 등의 사회공헌' 의 3개 분야로 나누어 15개 항목별로 평가하게 된다.

강의 평가는 학생들이 하게 되는데 외국 유력지 논문 게재의 경우 150점, 발명 특허 취득 경우 100점 등을 평균 점수로 환산, 평가한다.

일본 요코하마 시립대학은 2005년 학교 독립 법인화 추진과 함께 정교수, 부교수, 강사 등 교직원 전원에 대해 임기제와 연봉제를 실시하게 된다.

이 개혁안은 교수, 부교수, 강사들의 임기를 5년으로 하고 급여는 모두 연봉제로 하며, 임기 내의 각자 교육 및 연구성과를 대학 내에 설치되는 인사위원회에서 심사, 결정하게 된다.

또한 나가노(長野)대학도 교수를 비롯한 전 교직원에 대해 5년 임기의 임기제를 도입했다. 임기 내의 인사평가 점수에 따라 계약을 연장하거나, 계약이 종료될 수 있는 인사 개혁안을 추진하고 있다.

* 국제화를 특화(特化)시켜 명문대학

오이타겐 벳부에 위치한 리쓰메이칸아시아태평양대학(APU)은 학교를 설립한지 불과 4년밖에 되지 않았다.

그러나 이 대학의 학부생 3,939명 가운데 41%가 72개 국가에서 온 외국학생이다. 외국학생의 87%는 아시아 24개국 출신이다. 대학원생의 경우엔 총 123명 중 90%인 111명이 외국학생이다.

리쓰메이칸아시아태평양대학(APU)의 외국학생 유치뿐만 아니라, 외국인교수를 확보하기 위한 노력은 대단하다. 전임교수도 17개국에서 113명을 초빙하였다. 이 대학의 총장 역시 스리랑카 출신의 외국인이다.

리쓰메이칸아시아태평양대학(APU)대학의 모든 교육은 영어와 일어로 진행되며, 학생들은 한국, 중국, 인도네시아, 베트남, 태국, 스페인어 등 6개 언어 중 하나를 제 2외국어로 선택한다. 앞으로 외국대학의 설립 완화 등 교육개방을 앞두고 교육시스템을 국제 수준으로 전환, 해외 명문대학과 경쟁할 수 있는 채비를 서두르고 있다.

이와같이 일본 대학에서 적극적으로 외국유학생을 유치하는 것은 일본 정부가 주창하는 '일본 알리기 정책'에 부응하는 것이다. 또한 저출산으로 인한 학생 자원의 부족을 채우는 동시에 학교의 국제화를 이룰 수 있다는 생각에서 적극적이다.

또한 리쓰메이칸아시아태평양대학(APU)은 경제계 및 지역유지 280여 명을 대학 자문위원회 위원으로 구성, 장학금, 기부금 유치에도 열을 올리고 있다. 이들은 이미 2011년까지 39억 엔의 출연 모금을 확보한 상태이다. 이 대학의 이같은 국제화 특화(特化)는 일본 사회로부터 좋은 평가를 받고 있다.

이 학교가 제1기 졸업생 취업 내정율이 전체 92%, 외국유학생 88명은 100% 취업이 결정되어 신설 대학으로서는 유례없는 높은 수치를 보여주고 있다.

*다양한 인재를 선발하는 입시 제도 : 'AO입시'

일본 대학에서는 인재 선발를 위한 다양한 대학입시 방법를 도입, 새로운 변화를 모색하고 있다. 대학입시제도 개선안은 학생들의 개성이나 의욕을 중시, 다양한 인재를 선발하는데 역점을 두고 있는 것이다.

그 중 하나가 미국 대학입시와 같은 'AO입시' 방식을 말한다.

'AO'는 'Admission · Office'의 약자로 미국 대학에서 대학입시에 적용하는 학생모집 방법이다. 기존 필기시험 대신 고교의 성적이나 문화 · 스포츠 활동, 자원봉사 경험 등을 선발의 대상으로 삼는다.

일본에서는 게이오(慶應義塾)대가 1990년도 입시에 처음으로 도입했다.

　국립대에서는 2000년도에 도후쿠(東北), 쯔쿠바(筑波), 규슈(九州)의 세 대학이 처음으로 실시했고 2004년 22대학 75학부로 확대되었다. 이러한 'AO방식' 은 그동안 획일적인 필기시험 선발의 학력 편중 등 부작용을 해결하는 대안으로 떠올랐다. 서류 심사와 면접, 체험 수업 등을 합쳐 개인의 능력과 적성, 학습의욕 등을 종합적으로 판단, 합격여부를 결정하는 입시제도이기 때문이다.

　'AO방식' 의 대학 선발방법도 여러 가지가 있다.

　강한 학습 의욕과 문제 의식을 가진 학생을 선발하고자 하는 방법이다. 이는 한차례 시험으로 입학자를 선발하는 것이 아니라, 한사람 한사람의 능력과 의욕을 다면적, 종합적으로 판정하는 것이 이 'AO방식' 입시의 특징이라고 볼 수 있다.

　이러한 논술과 면접을 통한 선발은 일반 입시와는 구분되는 별도의 대학 입시 방법이다

　자신을 PR 하는 '자기 추천방식' 이나, 어떤 테마(theme)에 대해서 의견을 진술하는 '과제 논문방식' 등 독자적인 입시형태가 있다.

　그러나 필기시험에 비해 선발의 투명성이 결여된다는 문제점도 지적되고 있다. 하지만 국립대학 법인화에 의해 대학간의 경쟁이 심해지고 개성있고 질(質)이 높은 학생을 확보하려는 경쟁이 치열해지는 현실에서 대안으로 중요시되고 있다. 학생자원이 줄고 있는 상황에서 오히려 입학 지원생이 이전보다 늘어난 대학들이 생기고 있는 것도 이러한 새로운 변화의 시도 결과라고 보여진다.

한국이나 중국에는 대학 개혁 프로그램, 각종 대학의 지원프로그램 등이 많다.

한국의 'BK21' 과 최근의 'NURI' 가 있고, 중국에는 '985' 와 '211공정' 이 있다면 일본에는 '21세기 COE프로그램' 이 있다.

COE란 'Center of Excellence' 로 '탁월한 연구거점' 이라고 해석할 수 있다.

COE프로그램은 처음에는 'TOP 30 프로그램' 이라 명명되어 국, 공, 사립을 불문하고 전국 대학의 5%에 해당하는 30개 대학을 집중 육성, 세계 수준의 대학으로 끌어 올린다는 계획이었다. 하지만 이 계획을 수정, 좀더 많은 학교를 늘리기로 하였다.

나중에 '21세기 COE프로그램' 이라고 고쳐 부르게 되었다. 이는 대학간 경쟁을 촉진시키고 경쟁력 있는 연구거점을 만들자는 일본 문부과학성의 야심찬 계획으로 2002년부터 '21세기 COE프로그램' 신청 학교에 대한 심사 및 선발을 하게 되었다.

심사는 일본 학술진흥회에서 심사위원회를 구성, 심사한다. 심사 기준은 신청자인 각 대학 학장의 지도 아래 장래 연구계획과 이에 따른 강한 실천력이 있는가, 특색있는 학문분야에서 독창적이고 획기적인 성과가 기대되는가 등의 항목이 있다.

일단 선정되면 5년 간 세계 최고수준의 연구거점 형성을 위한 자금원조를 연간 1억~5억 엔을 받게 된다. '21세기 COE프로그램' 의 대학선정 의미는 지금까지 대학에 일률적으로 보조금을 지급해 온 것을 앞으로 우수한 연구거점을 엄선, 중점 육성하는 방침인 것이다.

일본 정부는 2002년과 2003년에 '21세기 COE프로그램' 을 통해 총 246건을 채택, 연간 300억 엔 이상을 투자했다.

'21세기 COE프로그램' 에 선정된 학교, 학과에 대한 경비사용은 연구비와 학비에 제한을 두지 않는다. 세부적으로는 세계 정상급 연구인력의 초청, 조교 등 직원 고용, 학회, 심포지움, 연구설비 도입, 연구실 개조, 연구를 위한 해외거점 설치 비용까지 연구를 위한 것이라면 무엇이든지 광범위하게 지원하게 된다.

일본의 '21세기 COE프로그램' 은 일반적인 대학 지원 계획과 달리 철저히 산업과 협력을 강조한다.

프로젝트를 진행하는 동안 처음 5년간은 정부에서 연구비 등을 지원한다. 지원기간 중 기업과 연계, 점차 기업에서 자금을 받아 프로젝트를 수행하는 시스템을 강조하고 있다.

만약 5년 내에 기업과 연계를 못하면 그 이후에는 자금지원이 없어진다. 이에 프로젝트를 진행하는 대학들은 기업과의 연계를 적극적으로 추진하고 기업이 필요로 하는 프로젝트 결과물을 내도록 노력하고 있는 것이다.

문부과학성 평가에 의하면, '21세기 COE프로그램' 이 대학 활성화에 큰 효과가 있었으며 앞으로 평가 부문을 좀 더 확대하는 방안도 검토중이다.

또한 대학도 '21세기 COE프로그램' 을 통해 학생들에게 폭넓은 교육을 받게하고 사회에 쓸모있는 인재를 육성할 수 있는 계기가 되었다는 반응이다.

●2003년도 21세기 COE프로그램 선정 상위 10개 대학

大学名	医学	数学, 物理, 地球科学	机械, 土木, 建筑, 其它	社会科学	学际, 复合, 新领域	合计
東 京 大 學	3	4	2	4	2	15
京 都 大 学	2	3	1	2	3	11
東 北 大 学	1	2	2	2	-	7
大 阪 大 学	3	2	1	1	-	7
慶應義塾大學	2	1	1	3	-	7
北海道大学	1	1	1	1	2	6
名古屋大學	1	3	1	0	1	6
神 戸 大 学	1	1	1	3	-	6
東京工業大学	-	1	3	-	1	5
早稲田大学	-	1	1	2	-	4
九 州 大 学	1	1	2	-	-	4

〈자료 : 문부과학성〉

  2003년 '21세기 COE프로그램'에 선정된 학교는 전국에서 총 56개 학교로 의학, 수학물리, 지구과학 등 5개 분야에 133개 연구 프로젝트가 선정되었다.

  또한 '21세기COE프로그램'에는 도쿄(東京)대가 총 15건으로 가장 많이 선정되었고 그뒤를 이어 교토(京都)대학이 11건, 도후쿠(東北)대학 등이다. 일본대학들은 매년 발표되는 '21세기 COE프로그램' 선정 결과에 따라 희비가 교차한다.

  왜냐하면 선정된 대학은 정부로부터 각종 지원을 받을뿐만 아니라 각 대학들간의 우열을 결정짓는 하나의 평가 잣대로 활용되기 때문이다. 이에 각 대학은 자존심을 건 경쟁을 하고 있는 것이다.

일본에서는 대학의 '사회공헌'을 요구하고 있다.

이것은 대학이 보유한 연구인력과 고유의 특성을 활용, 사회의 다방면에 기여하라는 것이다.

그 중 대학은 기업과 연계한 산학협동으로 경제 효익에도 기여할 것을 요구받고 있다. 대학이 적극적으로 나서 기업에게 실질적인 보탬이 될 수 있는 역할을 하라는 것이다.

2001년 기준 전체 연구 인력 약 74만 명 중 대학 연구 인력이 약 35%인 26만 명에 이르고 있다. 이런 연구 인력이 기업과 연계, 산업 전선에 참여하도록 요구하고 있다.

일본은 대학과 산업의 연계를 돕기 위해 1998년에 '대학 등 기술이전 촉진법'을 제정, 대학의 연구 성과를 특허를 통해 기업에 판매하는 기술이전기관(TLO)을 설립하게 되었다.

TLO는 'Technology · Licensing · Organization'로 대학의 연구성과에 대해 특허를 신청 · 유지하고, 그 특허를 기업에 소개하고 특허 사용료를 얻게된다. 여기서 얻어지는 수입은 대학과 개발자, TLO가 나누어 갖는다.

일본에는 지금까지 30개 이상의 대학에서 TLO가 설치되어 학교와 기업의 중간 다리 역할을 하고 있다.

일본은 1999년 '산업활력재생 특별조치법'을 제정, 정부에서 지원한 자금으로 연구개발 성과물 위탁을 받은 업체에 지적소유권을 귀속시킨다. 이는 기업의 산업기술력을 강화하는 계기가 되었고 아울러 기술이전기관인 TLO의 활성화를 꾀하는 계기가 되었다.

또한 이듬해인 2000년에는 '산업기술력강화법' 을 제정, 기업의 국립대 연구자금 지원을 원활하게 했다. 또 그동안 규제해왔던 교직원의 겸직 및 기업활동 참여에 대한 완화조치 등을 통해 학교와 기업의 연계를 원활하도록 하였다. 그 결과 일본의 기업도 대학의 각종 산학 프로그램에 적극 참여하고 있다.

일본 전자정보 기술산업협회는 도쿄(東京)대학, 도쿄공업(東京工業)대학, 와세다대학의 각 대학원에 'IT최전선' 이란 강의를 개설하였다. 여기에는 NEC와 오키전기공업, 샤프 등 9개사가 참가, 30여명의 기술자를 강사로 파견하고 있다. 강의는 현장에서 쓰이는 실질적인 기술 강의로 많은 학생들에게 실용적인 기술개발의 관심을 불러일으키기 위함이다.

도쿄(東京)대에도 일본 제조업의 강점과 저력의 특성을 학문적으로 분석, 체계화하는 전문 연구소가 설립됐다.

'제조업 경영연구센터' 로 명명된 이 연구소는 5년 동안 한시적으로 운영되며 도쿄대 젊은 연구인력과 현장에서 근무하는 기업연구원의 공동연구 및 정보교류 거점으로 활용되고 있다. 제조업체의 기술을 어떻게 활용해 수익을 내는가, 산업별로 각기 다른 국제 전략을 다양하게 비교 분석하는 업무를 추진하게 된다.

또한 도쿄(東京)대는 마쓰시다(松下)전기, 미쓰비시(三菱)종합연구소 등 15개 기업과 대학 벤처지원 컨소시엄을 형성했다. 이를 통해 도쿄대의 기술, 연구결과를 벤처기업에 적용, 도쿄대 재정수익에 도움이 되고자 한다. .

교토(京都)대학은 학교와 기업과의 연계를 추진하는 조직인 '국제 융합창조센터(IIC)'를 만들어 운영하고 있다.

학교내 연구능력을 파악하고 기술개발 아이템을 조사, 이를 필요로 하는 기업을 찾아 연결시켜주는 역할을 하고 있다. 이를 통해 하타치(日立)와 유기일렉트로닉스 공동 연구를 진행하고 있으며, 마쓰시다(松下)전기 등의 기업과도 차세대 나노산업과 관련 된 공동 연구를 추진하고 있다.

오사카(大阪)부립대의 지적재산 브리지센터도 지역 중소기업과 산학연계 강화에 역점을 두고 있다. 이 센터는 전국 대학에서 문부과학성이 선정한 지적재산본부 정비사업 중에서, 공립대학으로는 유일하게 채택된 사업이기도 하다.

대학의 연구를 중소기업을 포함한 제품 개발에 연결시킬 수 있는 중개역활을 하게 된다. 즉 지금까지 대학에 맡겨져 있던 특허와 실용신안 등의 지적재산 취득관리의 지원과, 지역 기업으로의 사회 환원의 역할을 하고 있다.

부립대에서는 인근 지역의 핫코신용금고(八光信用金庫), 오사카신용금고(大阪信用金庫) 등과 제휴, 중소기업의 기술 혁신과 신규 사업진출을 지원하고 있다.

금융기관과 기업이 참가하는 교류회를 주선하는 등 대학이 기업과 금융기관을 연결하는 역할도 하고 있다.

이들은 어떤 기업은 부품만들기에는 뛰어나지만, 설계도를 제작하는데 서투른 기업이 많다는 것에 착안, 기업이 부족한 부문은 대학이 보충하는 역할을 주도해 나가고 있는 것이다.

결국 학교와 기업은 서로의 장단점을 활용, 상호보완적인 역활을 통해 상생(相生)의 길을 가고 있는 것이다.

일본 대학은 학교내의 연구분위기를 고취시키고 발명특허자 등 기술개발연구자들의 의욕을 향상시키고자 노력을 하고 있다. 왜냐하면 대학의 기술개발 연구자들의 의욕 고취는 신규 기술개발을 통한 대학의 수준을 끌어올림과 동시에 우수한 연구자를 확보할 수 있는 길이기 때문이다.

일본대학들은 학교내 기술개발을 통한 발명특허의 증대를 위해 발명특허자에 대한 인센티브제를 적극 활용하고 있다. 이는 대학에서는 '타 대학보다 특허료가 적으면 연구개발자를 빼앗길 가능성이 있다' '대학간 경쟁에서 살아 남아야한다' 는 판단아래 대학내 연구인력에 각별한 신경을 쓰고 있다.

현재 일본 대학들은 발명특허 수입의 30~50%를 발명자와 연구실에 지급하고 있다.

많게는 규슈(九州)공대의 경우 최고 70% 까지 지급하고 있다.

2004년 국립대 법인화를 기점으로 학교 내 연구개발자인 발명특허 출원자에게 특허료 수입의 배분을 크게 늘리고 있다.

이공계학부가 있는 국립대학 32개교를 대상으로 한 '일본경제신문사' 조사에 의하면 대다수의 대학은 발명특허수익의 30%를 배분하고 있는 것으로 나타났다. 이는 국가에서 정한 특허 관리규정(수입의 백만 엔 초과분은 25%)에 비해서 연구자에 대한 대우를 보다 더 강화한 것이다.

특허료 수입의 환원률이 가장 높은 곳이 규슈(九州)공업대이고, 발명특허의 수입이 1천만 엔 이하인 경우는 본인과 연구실에 70%를 지불한다.

규슈(九州)대와 도쿠시마(德島)대, 구마모토(熊本)대는 수입 금액에 관계없이 일률적으로 50%를 배분한다.

동경의과 치과대학은 당초 특허료 수입의 33%를 배분할 예정이었지만 최근 50% 인상을 검토 중이라고 한다.

●**주요 대학의 발명에 대한 규정**

(괄호안은 발명 수입액)

대학명	발명자와 연구실로 반환율
北海道大	50% (100만엔 이하), 40% (100만엔-1000만엔), 30% (100만엔 이상)
東北大	본인30%, 학부 연구실 30%
筑波大	50% (1억엔 이하), 25% (1억엔 초과부분)
東京大	본인40%, 학부30%
東京工業大	본인30%, 연구실20%
名古屋大東京農工大	본인30% (최대 10%이상), 연구실 25%
金澤大	본인과 연구실에 50%씩 (100만엔 이하)
	25%+50만엔씩 (100만엔 초과부분)
京都大	20% (200만엔 미만), 35% (200만-5000만엔) 50% (5000만엔 이상)
大阪大	본인30%, 연구실15%
山大	60% (200만엔 미만), 그이상은 별도 계산식
九州大	50%, 학부25%
九州工農大	본인과 연구실에 70% (1000만이하), 50% (1000만엔 초과)
㈜ 발명자와 연구실에 지불한나머지는 금액은 대학으로 귀속됨.	

〈자료;일본경제 신문〉

일본 국립대학 법인화 등의 일련의 개혁조치 후 많은 대학은 대학연구자의 발명 특허에 대해 특별 대우를 강구하고 있다.

지금까지 국립대의 발명 특허는 국유 특허 또는 발명자 개인이 출원해 특허에 대한 권리를 갖게되었다. 국유 특허인 경우 발명특허 수입이 1백만 엔 이하는 발명자에게 일률적으로 50%를 지급하고, 1백만 엔 초과시는 25%를 지급하였다.

대학 연구인력의 수준과 능력이 앞으로 대학이 살아남을 수 있는 경쟁력의 지표가 되기 때문이다.

국립대학 법인화 이후 매년 실시하는 대학평가에서 특허 출원수와 기술이전 실적이 평가에 고려될 전망이라 우수한 연구자의 확보가 중요시 되고 있다.

또한 연구성과를 산업현장에 활용는데도 힘쓰고 있다.

즉 학교에서 개발한 기술을 이용, 기업을 설립하는 '대학벤처기

●일본 대학 벤처기업 설립추이

(단위 : 개소)

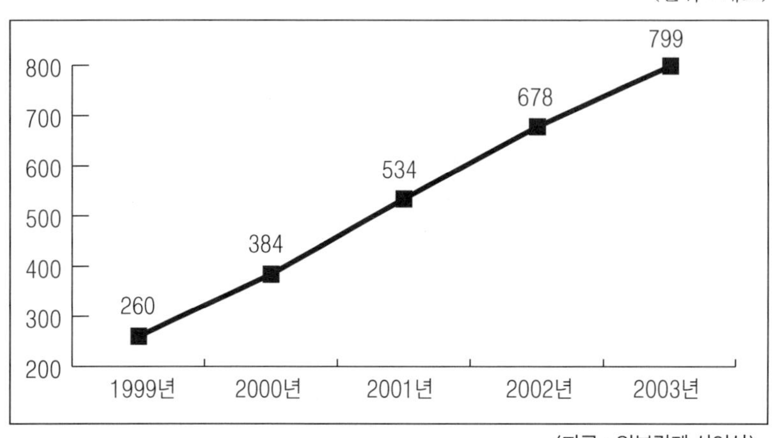

〈자료 : 일본경제 산업성〉

업’에 대해 적극 지원하고 있다. 경제산업성 조사에 따르면, 최근 연간 100여개의 ‘대학벤처기업’이 늘어나고 있다.

대학 벤처기업에는 대학 연구성과에 근거, 특허나 비즈니스기법을 사업화하려는 기업과 회사 설립 5년 내에 대학으로부터 기술 이전을 받아 사업을 발전시킨 기업 등이 포함된다.

업종별로는 IT관련이 327개사, 의료·바이오(bio) 관련 293개사, 기계·장치 관련이 114개사로 조사되었다.

●대학 벤처기업 보유 상위 7대 대학

(단위 : 개)

와세다대	도쿄대	오사카대	교토대	동북대	게이오대	홋카이도대
50	46	45	40	35	31	26

(2003년도 말까지의 누계)

이같이 일본 대학이 대학내 연구인력을 극진히 모시는 것은 자체적으로 양성한 연구인력을 타대학이나 다른 연구소로 뺏기지 않기 위해서다. 그래야 연구 실적을 축적, 연구 개발에 대한 동기 유발과 자부심을 불러일으켜 연구 개발의 효율을 높일 수 있기 때문이다.

지금 일본 대학의 연구 인력은 대학과 사회로부터 타국가에 비해 극진한 대접을 받고 있다고 볼 수 있다.

각국의 대학을 순위를 매긴다는 것은 매우 힘들 것이다.

왜냐하면 각국의 대학과 전공분야별 특성이 다양하고 대학의 기능과 역할, 사회기여도 등이 달라 획일적인 평가기준을 정한다는 것이 매우 어렵기 때문이다.

하지만 일반적으로 대학을 평가하고 학문의 깊이를 측정하는데 미국과학정보연구소(ISI)가 매년 발표하는 '과학기술논문색인(SCI)'의 발표 순위를 참고하고 있다.

SCI는 ISI가 학술적 기여도가 높은 과학기술 관련저널 3,800여 종에 수록된 논문을 분석, 국가별, 대학별 발표 논문수를 발표하고 있다

ISI는 1993년~2003년까지 전세계 자연인문과학 학술지 8,700개에 실린 논문 중에서 다른 대학 또는 연구기관이 게재한 논문을 인용한 횟수를 분석한다. 이처럼 논문의 인용 회수가 많다는 것은 그 내용이 중요하고 학문적 깊이가 있다는 것을 의미하기 때문이다. ISI가 발표한 'SCI2003'을 분석한 결과, 일본의 수준이 미국 다음으로 오늘의 일본 대학수준을 평가하는 지표로 활용할 수 있다.

'SCI2003'의 국가별 순위는 미국이 가장 많은 29만9,336편으로 1위이다. 일본이 7만8,557편으로 2위, 영국이 7만5,578편으로 3위, 중국이 3만5,593편으로 8위, 한국이 1만 7,785여편으로 13위를 차지하고 있는 것으로 나타났다.

그러나 2002년 대비 2003년도 논문수 증가율은 중국이 23.2%로 중국의 급속한 약진을 확인할 수 있다.

각국의 주요 대학 중 가장 많은 논문을 발표한 대학은 미국 하버드
대로 9,717편으로 1위다. 2위는 7,284편으로 일본 도쿄(東京)대가 차
지했다.

미국 UCLA 5,918편 3위, 일본 교토(京都)대가 5,069편으로 7위, 일
본 오사카 (大阪)대학 4,494편 11위, 토후쿠(東北)대학 4,067편 18위
를 차지하고 있다.

한국의 서울대는 3,062편 35위, 일본 큐슈(九州)대 2,801편으로 40
위, 중국 칭화(清華)대 1,964편 85위, 한국 연세대 1,405편 152위, 한
국 KAIST 1,237편 178위로 나타났다.

논문 발표수 세계 상위 100개 대학을 보유한 나라는 미국이 앞도
적으로 많으며, 일본이 8개 대학, 중국과 한국이 각 1개 대학인 것으
로 나타났다.

한편 세계 논문의 질적 수준을 가름하는 피인용 논문순위에서도
일본은 아시아 국가 중 가장 앞서고 있고, 몇가지 분야에선 세계 최고
의 수준을 보이고 있다.

2003년 ISI에 의하면, 일본 도쿄(東京)대학 물리학 분야와 토후쿠
(東北)대학 재료과학분야는 세계 명문대학, 연구소를 제치고 가장 많
이 논문을 발표했다. 또한 논문 피인용 순위에서 3년 연속 1위를 차
지, 이 분야에서 단연 세계 최고 수준의 대학으로 평가받고 있다.

이러한 SCI발표자료를 볼 때 일본은 분명 우리 한국 대학에 비해
많이 앞서고 있다.

일본은 세계 제2위의 경제력을 바탕으로 기초과학분야 투자를 아끼
지 않아 몇몇 분야에선 세계 최고 수준의 논문이 나오고 있는 것이다.

● SCl2003국가별 논문수

순위	국명	논문수		증가율	순위	국명	논문수		증가율
		2002	2003	(%)			2002	2003	(%)
1위	미 국	268,526	299,336	11.5	9위	스페인	21,876	24,773	13.2
2위	일 본	68,979	78,557	13.9	10위	호 주	19,450	22,388	15.1
3위	영 국	66,854	75,578	13.1	11위	네덜란드	18,469	21,417	16.0
4위	독 일	61,724	70,103	13.5	12위	러시아	20,996	21,196	1.0
5위	프랑스	43,433	48,777	12.3	13위	한 국	14,916	17,785	19.2
6위	이태리	32,323	38,614	19.5	14위	스웨덴	14,511	15,768	8.7
7위	캐나다	32,069	36,782	14.7	15위	인 도	14,028	15,699	11.9
8위	중 국	28,883	35,593	23.2	16위	스위스	13,493	15,599	15.6

〈자료 : SCl2003〉

　　일본은 대학의 연구자 수나 연구비 총액에서 결코 미국에 뒤지지 않는다고 생각하고 있다. 실제 일본의 과학기술 경쟁력과 직결되는 연구개발(R&D)투자비는 1,420억 달러(2002년)로 한국의 무려 11.4배나 되는 엄청난 비용이다. 이런 노력 결과로 일본의 기초학문은 세계 정상급 수준을 유지할 수 있는 것이다

　　그리고 일본은 지금까지 12명의 노벨상 수상자를 배출했다. 그 중 문학상 2명과 평화상 1명을 제외한 나머지 9명은 모두 과학분야에서

● SCl논문수 상위 100위권 대학보유 국가

(단위 : 개)

국 가	미 국	영 국	일 본	독 일	중 국	한 국
대학수	49	9	8	5	1	1

〈자료 : SCl2003〉

●일본대학의 SCI논문 피인용순위

전체순위	도쿄대 (13위), 교토대(30위), 오사카대(36위), 도후쿠대(75위), 나고야대(99위)	
부문별	물리학 분위	도쿄대 (1위)
	재료과학분야	도후쿠대(1위), 교토대(6위), 오사카대 (9위)
	화학분야	교토대(2위) 도쿄대(3위)
	생물학분야	도쿄대(5위)

〈자료 : 톰슨ICI일본 사무소〉

●세계 주요 대학별 논문수 현황

순위	대 학 명	국가명	논문수	순위	대 학 명	국가명	논문수
1	하버드대	미국	9,717	23	런던대 임페리얼 컬리지	영국	3,743
2	도쿄대	일본	7,284	24	예일대	미국	3,680
3	UCLA	미국	5,918	25	옥스포드대	영국	3,607
4	워싱턴대(시애틀)	미국	5,753	26	컬럼비아대	미국	3,481
5	토론토대	캐나다	5,294	27	미네소타대(미네아폴리스)	미국	3,455
6	미시간대(앤아버)	미국	5,107	28	워싱턴데(세인트루이스)	미국	3,366
7	교토대	일본	5,069	29	오하이오주립대	미국	3,347
8	존스홉킨스대	미국	4,882	30	노스캐롤리아나대(채플)	미국	3,306
9	스탠포드대	미국	4,835	31	MIT	미국	3,266
10	펜실베니아대	미국	4,687	32	노스웨스변대	미국	3,155
11	오사카대	일본	4,494	33	맥길대	캐나다	3,136
12	UC-샌프란시스코	미국	4,346	34	싱차울로대	브라질	3,127
13	UC-샌디에고	미국	4,296	35	서울대	한국	3,062
14	피츠버그대	미국	4,224	36	펜실베니아주립대	미국	2,941
15	UC-버클리	미국	4,180	37	애리조나대	미국	2,837
16	캠브리지대	영국	4,109	37	로마대	이탈리아	2,837
17	위스콘신대(매디슨)	미국	4,109	39	브리티시컬럼비아대	캐나다	2,835
18	토호쿠대	일본	4,067	40	큐슈대	일본	2,801
19	코넬대	미국	3,971	*	*	*	
20	듀크대	미국	3,865	152	연세대	-	1,405
21	UC-데이비스	미국	3,757	*	*	*	
22	플로리다대	미국	3,749	178	KAIST	-	1,237

〈자료 : SCI2003〉

나왔다. 과거 인도와 파키스탄에서 각 1명의 노벨상 수상자를 배출한 것을 제외하고는 아시아권에서 유일하게 일본밖에 없다.

중국도 중국인이 미국에서 미국 국적으로 노벨상을 받긴했지만 순수하게 중국 본토에서는 아직 탄생되지 않았다.

한국에서는 김대중 전 대통령이 평화상을 수상했지만, 과학분야에서 언제 노벨상이 나올지 예측하기 힘든 실정이다.

일본에서는 과학수준을 한층 발전시키기 위해 정부는 '21세기COE 프로그램'을 운영하는 등 일본 대학을 세계 수준으로 끌어올리기 위한 노력을 계속하고 있다. 지금 일본 전국에서 불고있는 대학개혁물

● 일본 노벨상 수상자의 출신대학별 현황

( ) : 졸업년도

No	성 명	출 신 대 학	분 야	수상년도	비고
1	湯川秀樹	京都大学(1939)	물리학상	1949	
2	朝永振一郎	京都大学(1929)	물리학상	1965	
3	川端康成	東京大学(1924)	문학상	1968	
4	江崎玲於奈	東京大学(1947)	물리학상	1973	
5	佐藤栄作	東京大学(1924)	평화상	1974	
6	福井謙一	京都大学(1941)	화학상	1981	
7	利根川進	京都大学(1959)	의학상	1987	
8	大江健三郎	東京大学(1959)	문학상	1994	
9	白川英樹	東京工業大学(1961)	화학상	2000	
10	野依良治	京都大学(1961)	화학상	2001	
11	小柴昌俊	東京大学(1951)	물리학상	2002	
12	田中耕一	東北大学(1983)	화학상	2002	

〈일본 노벨상 수상자의 출신대학별 현황.〉

결의 성공 여부에 따라 세계적인 일본 대학의 탄생이 가능하리라 생각된다.

굳이 노벨상수상자를 배출한 대학을 알아보면 도쿄(東京)대학과 교토(京都) 대학이 각 5명씩 배출 가장 많고, 도쿄(東京)공업대학과 도후쿠(東北)대학 출신 각 1명 노벨상을 수상하였다. 과학분야만 볼 때 노벨상수상자 중 교토(京都)대학 출신 전원이 과학분야에서 수상한 것에 비해 이 도쿄(東京)대학은 2명이라 교토(京都)대학이 앞서고 있다고 볼 수 있다.

이런 결과로 볼 때 일본 대학은 한국 대학에 비해 전반적인 수준이 상당히 앞서고 있는 것만은 틀림없다.

　세계를 상대로 전쟁을 했던 일본이 종전 후 국가의 재건을 서두르는 가운데서도 외국유학생을 받아들이고자 하는 의욕은 항상 넘쳤다.

　왜냐면 일본이 패망국가에서 다시 국제무역대국 진입을 위해서는 경제재건을 위한 교육시스템의 건립, 국제 사회에서의 일본의 동조자 확보 등이 필요했던 것이다

　일본은 1954년 국비 외국인 유학생 초청제도를 창설하고 재단법인 일본국제교육협회를 설립하는 등 외국유학생 유치에 심혈을 기울렸다.

　1964년 도쿄올림픽을 계기로 해외유학생을 관리하기 위해 문부성에 유학생과(科)를 설치했다.

　도쿄 올림픽 후 비약적인 경제성장을 바탕으로 일본은 다시 세계무대에 등장했다. 기술개발과 일본인의 부지런한 근면성이 결합, 70년대 비약적인 성장에 이은 80년대 경제의 초호황으로 이어져 다시금 재팬파워를 전세계에 과시하기 시작했다.

　비약적인 경제 성장으로 축적된 부(富)는 세계 곳곳의 부동산 매입과 메이드 인 재팬 제품은 전세계 시장을 석권, 급기야 'NO라고 말할 수 있는 일본' 이라는 자신감의 극치를 이루게 되었다.

　이제 일본은 세계를 주도할 수 있는 계기를 만들고 싶어한다.

　'일본어가 영어를 대신, 전세계의 공용어는 될 수 없는 것인가?

　1981년 아시아 최초로 국민소득 1만 달러를 달성하는 시점에서 유

학생 유치및 관리를 좀 더 체계적이고 종합적으로 펼 계획을 수립했다. 즉 1983년 당시 나카소네(中曾根) 수상은 이른바 '외국유학생 유치 10만 명 계획'을 발표하게 되었다.

국민소득 1만 달러 달성 후 약 6년만에 국민소득 2만 달러를 달성했고 이에 힘입어 재팬파워를 전세계에 알리고 싶은 충동은 하늘을 찌르고도 남았다. 이는 일본의 경제적 역량에 걸맞는 국제적 역할과 위상을 확립하는 전략적인 프로젝트였던 것이다.

또한 국가적으로는 냉전시대의 종식과 함께 급변하는 세계 정세에서 또다른 일본 우호 세력을 양성하겠다는 목적도 있다. 동시에 일본에 많은 외국 학생이 들어와 대학 내 국제화 분위기를 고양시키고 외국학생 진입에 따른 경제적인 효과도 있는 것이다.

이제 세계를 리드해 나갈 '재팬파워'를 기르기 위해 '재팬랭귀지 파워'를 양성할 계획인 것이다. 전세계인이 일본어를 배우도록, 이제 전세계에 일본어를 보급하자!

1989년 '일본교육진흥협의회'를 창설, 본격적인 일본어의 해외보급과 외국인에게 일본어를 효과적으로 가르치기 위한 방법 연구를 시작했다.

이제는 재팬파워를 넘어 재팬랭귀지 파워를 세계에 전파하기 위해

● 유학시장 년도표

1981년	1983년	1987년	1989년	2001년	2003년
GNP 1만달러	학생10만명 유치계획	GNP 2만달러	일본어교육 진흥협회 창설	일본어학교 327개	유학생유치 10만명달성

〈자료 : 교육인적자원부〉

194

일본어 보급정책과 교육방법 또한 일본어 보급에 따른 각종 행정지원을 할 수 있는 단체설립이 필요한 시점이다. 이런 노력으로 일본은 2001년 일본 내 외국인을 위한 전문 일본어 학교를 327개 설립하였다. 일본은 1983년 외국유학생 10만 명 유치 계획을 주창한 이래 약 20여년 만인 2003년 이르러 외국유학생 유치 10만 명의 목표를 달성하게 되었다.

문부과학성 발표 자료에 의하면 2003년 5월1일 시점 유학생 수는 10만9,508명으로 집계되었으며 국가별로는 중국이 7만814명(64.1%)로 가장 많고 그 다음이 한국 1만5,871명(14.5%) 2위, 대만이 4,235명(3.9%) 3위를 차지하고 있다.

또한 활발한 국제교류로 일본에서 외국으로 나가는 일본인 학생수도 계속 증가, 2000년 7만6,464명에 달했다. 일본의 외국유학생의 유치와 일본학생의 해외 파견은 일본이 지향하는 국제적으로 열린 사회 실현에 크게 공헌하게 되었다.

또한 외국학생 유치시 정부로부터 일정액의 '외국유학생 지원금'을 받는 특혜도 외국유학생 증가의 한 요인이다.

이렇게 외국유학생을 유치, 지일파(知日派)로 육성하는 것과 같이 일본 정부도 국비유학생 제도를 통해 세계 각국의 많은 학생들을 일본을 위한 민간외교관 역할에 적극 활용하고 있는 것이다. 이런 문부성 국비유학생제도는 1954년에 창설되어 2001년말 기준 세계 약 145개 국, 총 6만 명에게 일본 문부성장학금을 지급해 왔다.

이들에게는 매달 약 한화 150만 원 정도의 장학금과 학비를 지급, 무료로 공부할 수 있게 하고 있다.

●일본 유학생 현황

(단위 : 명)

구 분	1993년	1996년	1999년	2001년	2002년	2003년
총 인 원	52,500	53,100	56,250	80,000	98,500	109,508
중국학생수	22,500	25,000	26,250	43,750	58,750	70,814
중국학생비율	43%	47%	47%	54%	60%	64.1%

〈자료 : 교육인적자원부〉

●일본 유학생 현황

2002년/(   )명

구 분	1 위	2 위	3 위	4 위	5 위
국 립 대	동경대학 (1,989명)	나고야대학 (1,050명)	京都대학 (1,042명)	筑波대학 (965명)	오사카대학 (893명)
사 립 대	와세다대학 (1,129명)	일본대학 (768명)	拓殖대학 (709명)	明海대학 (486명)	慶應義塾대학 (484명)

〈자료 : 교육인적자원부〉

이런 활발한 유학생 교류는 외국 유학생에게 일본의 교육과 문화를 접목시키는 훌륭한 방법이다. 이를 통해 일본에 대한 우호적인 사고를 갖게하고 유학생들은 자신의 국가와 일본 사이의 인적 네크워크를 구축, 일본의 국제경쟁력 강화에 일익을 담당하고 있는 것이다.

제 3장

한국대학은 변해야 된다

현재 한국 정부에서는 고부가가치산업을 뒷받침할 국제화 된 고급 인력 양성에 주력하고 있다. 외국 우수 대학과 학생을 유치, 국내 대학과 경쟁을 유발시켜 국내 대학을 세계적인 수준으로 끌어올리고자 한다. 그 방안으로 '경제자유구역 및 국제자유도시의 외국교육기관 설립운영특별법(안)' 을 국회에 상정 준비하고 있다.

주요 내용으로는 경제자유구역 및 국제자유도시로 지정된 특구 내에 세계적인 학교를 유치하는 것이다. 또한 그동안 외국계학교의 국내 진출을 막았던 해외송금금지 장벽을 없애고 경제자유구역에 설립되는 외국계학교의 내국인 학생비율을 해당 학교장이 결정한다는 내용이다. 이 학교에서 한국어와 한국사를 주당 1시간 이상 이수한 학생은 국내 학교를 졸업한 것과 동등한 학력을 인정 받을 수 있어 내국인의 입학도 가능할 것으로 전망된다.

그러나 이러한 법안의 제정과 국회상정에 반대 의견도 거세다. 반대 이유는 교육의 외국개방은 우리 교육의 근간(根幹)을 흔드는 교육주권 매각행위라는 것이다. 또 외국계학교가 들어오면 지역간, 계층간 위화감을 조장한다는 것이다. 이는 교육의 상업주의를 부채질 해 사회, 교육적 부작용이 커지고, 그렇치않아도 부실한 공교육이 무너진다고 강하게 반발하고 있는 것이다.

그러나 다양성과 개성을 요구하는 21세기에 한국이 능동적으로 살아남기 위해선 지금과 같은 교육시스템으론 분명한 한계가 있다. 한국 교육의 질을 향상하고 세계 수준 교육을 실시하기 위해선 한국의 교육도 개방하고 국제 경쟁력을 길러야 한다는 주장도 강하게 나오고 있다.

현재 매년 2만 명이 넘는 중고교생이 조기 유학과 이민을 떠나고 있다. 이에 매년 엄청난 교육수지 적자가 발생하고 있다. 외국계학교의 한국설립으로 빈부간의 위화감 대한 우려도 있지만, 부유층 학생은 해외로 눈을 돌림에 따른 빈부간의 위화감 역시 상존하는 것도 사실이다.

이렇게 많은 한국 학생들이 한국 교육을 마다하고 해외로 나가면서 외화유출은 증대되고 있다. 이는 우리가 반도체, IT, 자동차 등등 수출현장에서 피땀흘려 벌어들이는 외화의 유출이라고 할 수 있다. 그러나 지금 한국의 현실은 부유한 가정일수록 자녀의 유학에 더욱 적극적이다.

이들은 외국에 나가 외국어를 습득하고 국제화된 경쟁력을 갖출 수 있다고 생각한다. 즉 국내에서 죽기살기식 암기교육을 받은 국내파 학생보다 경쟁력있는 인생을 살 수 있다고 생각하기 때문이다.

그래서 이러한 교육 욕구도 충족시키고 교육의 질(質)도 국제 사회에서 인정될 수준으로 향상시키기 위해 한국 교육의 개방은 필연적이라고 생각한다.

또 교육시장 개방은 우리 교육의 국제화를 위한 기회이기도 하다. 급변하는 국제 환경에 능동적으로 대처하려며 우리 교육도 국제 수준으로 표준화시킬 필요가 있는 것이다.

기업에서 제품을 생산, 해외시장에 팔려면 제품을 국제규격에 맞는 표준화가 필요하다. 이것은 제품이 세계 어느 지역에서나 통용할 수 있어야 하기 때문이다. 또한 수출을 증대하고 세계 시장에서 경쟁 국가와의 피튀기는 싸움에서 이기기 위해 수출 대상국가의 시장 동향을 연구하고 새로운 아이템을 개발해야 한다.

교육도 마찬가지다.

국내에서 비슷한 환경의 학교끼리 도토리 키재기식 경쟁을 해서는 안된다.

왜냐하면 우리가 국내에서 경쟁하는 동안 국제무대에서 우리의 설 땅은 점점 없어지는 것이다.

한국의 교육시스템은 대학입학에 집중되고 있다. 또 교육계의 모든 역량이 대학 입학 수능시험에 연계된 사교육과 공교육 문제로 논란을 벌이고 있다. 그 순간에도 선진국과 우리 주변 국가들은 국제경쟁력을 갖추기 위해 교육의 개혁과 개방을 하고 있는 것이다. 하향평준화 된 국내 교육수준은 국제 경쟁력이 부족한 국내파 인재를 양성, 급변하는 세계 속에서 살아남기가 힘든 것이다.

교육개방도 세계 대세에 밀려 어쩔 수없이 개방하는 것만은 아니라고 생각한다. 우리가 살아남고 남보다 앞서기 위해 우리의 체질을 국제표준에 맞추고 한국 교육의 질(質)을 세계 수준으로 끌어올리기 위한 필연적인 선택이라고 생각한다.

결국 한국 교육의 개방을 통한 경쟁력 확보는 급변하는 세계 속에서 우리에게 다가온 숙명적인 선택인 것이다.

어느 사회나 발전을 전제로 한 개혁과 개방에는 항상 문제가 따르기 마련이다.

관건은 그 예상되는 문제점을 어떻게 대처, 보완하느냐가 중요하다.

외국의 교육시스템과 선진기술을 도입, 우리가 추구하는 교육의 이념을 절충시키려 노력한다면 얼마든지 해법은 있다고 생각한다.

예를 들어 교육개방 반대파들이 우려하는 우리 교육의 근간(根幹) 문제도 외국인 학교라고해서 한국인 교사를 채용, 국어와 국사를 가르치지 못할 이유는 없는 것이다.

이밖에도 교육개방으로 우려되는 문제를 푸는 해법은 여러 가지로 많을 것이다.

세상의 발전을 위한 개혁은 때로는 개혁 집행자의 강한 카리스마에서 나온다.

교육개방을 따른 충격과 우려만 계속 논한다면 우리가 할 수 있는 일은 하나도 없다.

차라리 교육개방의 방법론을 연구하는 게 더 바람직할 것 같다.

●주요국가의 교육개방 현황

국가	미국	일본	중국	호주	대만	멕시코	한국
초등교육	X	O	O	X	X	O	X
중등교육	X	O	O	O	O	O	X
고등교육	X	O	O	O	O	O	X
성인교육	O	O	O	X	O	X	X

근래들어 교육을 '하나의 상품'(商品), '교육시장(市場)'으로 부르고 있다. 교육의 의미가 인간을 참인간으로 육성하는 전인(全人)교육이지만 그 교육의 본질을 유지, 발전시키면서 교육을 산업화시켜 국제사회에서 통용될 수 있는 '교육상품(商品)화' 한다는 것이 최근 세계적인 새로운 패러다임이다.

실제로 전세계가 하나의 지구촌을 형성, 국제간 교류가 활발해지면서 세계 각국은 교육 프로그램을 하나의 상품(商品)화 시켜 세계시장에 팔고 있다.

특히 소위 선진국이라 불리는 국가들은 자신들이 갖고 있는 교육 프로그램을 특화(特化)시켜 상품화하는데 더 적극적이다. 이런 교육 프로그램 중에서 가장 좋은 상품은 외국학생을 자국에 유치, 공부시키며 돈도 버는 유학상품(留學商品)인 것이다.

많은 선진국가들은 그동안 자신들의 보수적이고 완고한 교육의 틀을 과감히 깨고 유학교육을 상품화(教育商品)시켜 세계 각국(教育市場)에 팔고 있는 것이다. 또한 교육산업(教育産業)화를 이루고 교육무역(教育貿易)을 통해 국가의 재정수입원으로 활용하고 있다. 또한 자신이 갖고 있는 문화와 역사, 교육을 전수, 자국(自國)의 우군(友軍)을 만들고 있는 것이다.

21세기는 국제사회에서 얼마나 영향력이 있고, 국가간 교역 등 강한 경제력 보유 정도가 그 나라의 국제적 입지를 말해주는 것이다. 이에 따른 국가간 치열한 경쟁이 더욱 심화되고 EU 등 통합국가의 등장, FTA 등 국가간 교역 통합을 이루기 위한 협약체결 등 숨가쁘게 전개되고 있다. 즉 국가의 방향키를 제대로 잡고 발전을 위해 매진하지 않으면 안되는 사회가 되는 것이다.

이 복잡하고 다변한 세계에서 생존과 발전을 위한 교육의 국제화는 어떠한 선택의 개념이 아니라 필연적인 것이다. 이런 교육의 국제화를 위한 초보적인 길은 외국과의 많은 교류를 통해 이루어진다.

예를 들어 언어와 외모가 다른 외국 학생이 한국 학생들과 같이 공부하며 토론하다 보면 자연스럽게 한국 학생들의 국제마인드 향상을 도모할 수 있다. 또 타문화 이해를 통해 치열한 경쟁 사회에서 살아남을 수 있는 국제 경쟁력이 길러지는 것이다.

이것은 국가간 서로 더불어 살아갈 수 있는 상생(相生)의 길을 만드는 과정이 될 수 있는 것이다.

현재 전세계적으로 유학생은 160만 명을 넘고 있다.

또한 각국의 유학생의 규모는 그나라의 국제적인 경쟁력과 사회의 국제화 정도를 반영하고 있다.

사실 우리가 흔히 지칭하는 선진국들은 외국유학생 수도 많다.

●주요 선진국의 유학생 비율

(2000년-2003년 자료   단위 : 천 명)

구 분	미국	영국	독일	프랑스	호주	일본
고등교육기관 재학생총수A	8,213	1,230	1,838	2,126	695	3,612
유학생 총수B	491	213	170	148	188	110
유학생 비율B/A	5,98	17,32	9,25	6,96	27,05	3,05

〈자료 : 교육인적자원부〉

이것은 선진국이 보유한 교육의 질(質)과 경제적 풍요가 학생들을 유치하는 매력이기도 하지만 근본적인 이유는 다른 데 있다. 즉 선진국들은 적극적인 유학 정책을 펴나가고 있는 것이다.

특히 학생들이 유학 국가로 선호하는 국가는 미국, 유럽 등 학문적으로 뛰어난 대학이 많은 나라이다. 이 나라들은 유학을 마친 뒤에도 비교적 좋은 조건의 직장을 얻을 수 있어 많은 학생들이 선호하고 외국유학생을 받기 위한 자세도 매우 적극적이다.

왜냐하면 많은 유학생 유치는 주요 외화수입원 창구를 하며 동시에 자신의 든든한 글로벌 우군(友軍)을 만들 수 있기 때문이다. 즉 미래지향적 국가 발전방향과 현실적인 경제적 속셈까지 맞아떨어져 유학생 유치에 열을 올리고 있는 것이다.

실제로 1988년부터 1998년의 10년간 유학생 증가를 비교하면 선진국가에선 유학생들이 급격히 증가되었고, 전세계적으로 볼때도 유학생 증가는 같은 기간 약 94만 명 수준에서 161만 명 수준으로 약 2배 가까운 증가 추세를 보였다.

이는 국가간 교류가 활발해졌다는 것과 주요 선진국가에서 적극

●주요국가의 유학생 증가수

(단위 : 만 명)

구 분	전세계	미 국	영 국	프랑스	독 일	호 주	일 본
1988년	94	37	7	13	9	2	2.5
1998년	161	49	22	15	17	7	5.6
증가율	171%	132%	314%	115%	189%	350%	232%

〈자료 : 교육인적자원부〉

적인 유학마케팅을 전개했다는 것으로 볼 수 있다.

또한 선진국의 유학생 유치 못지않게 세계적으로 유명한 명문 대학일수록 유학생 비율은 상대적으로 매우 높다.

여기에 비하면 한국 대학의 유학생 비율은 데이터로 잡기가 부끄러울 정도로 극히 미미한 정도로 나타난다.

●세계 명문대학의 외국유학생 비율

MIT대	하버드	뮨헨공대	스탠포드	도쿄대	베이징대	칭화대
23%	18%	18%	15%	11.5%	9%	9.5%

결국 한국 대학도 세계 명문대학과 견주려면 적극적으로 외국유학생을 유치해야 하고 그러기 위한 전반적인 준비를 서두를 필요가 있다고 생각한다.

* 영국 : 세계 유학시장 선두자리를 탈취하라

영국은 전세계 공용어로 사용되고 있는 영어라는 아주 인기 있는 교육상품을 갖고 있다.

전세계 고등학생 대부분은 영어공부를 해 대학에 들어가게 된다.

'해가 지지 않는 나라' 였던 영국은 미국에게 그 자리를 내준지 오래이다.

이제 영국이 살 수 있는 길은 세계 최고(最古) 대학 교육과 세계에서 가장 많이 사용되는 영어라는 상품이다.

영국은 이같은 상품을 갖고 해외시장 개척에 매우 적극적이다.

1999년 토니 블레어 총리는 유학 사업을 국책(國策)사업으로 추진하겠다고 선포하였다. 이는 적극적인 외국학생 유치가 곧바로 영국 재정에 도움이 되기 때문이다.

영국은 1999년 세계 유학시장 점유율 17%에서 2005년에는 25%를 차지하겠다는 목표 아래 지구촌을 뛰고 있다. 유학생 지원 정책부서를 중앙 행정부의 British Council에 두고 전세계 110여국 229개 도시에 해외주재 사무소를 운영, 유학생 유치에 사활을 걸고 있다. 여기에 종사하고 있는 직원수 만도 7,300여 명에 달하고 있다.

더욱이 미국이 9.11사태로 외국 유학생 입국에 엄격한 기준을 적용하자 영국에게는 절호의 찬스가 온 것이다. 그래서 미국이 꺼려하는 저개발국가 학생 유치에 적극적이다.

그런 결과 중국 학생이 가장 많이 가는 유학의 나라로 뽑히고 있다.

실제 2002년 1년간 중국 총유학생 송출인수 12만5,000명 중 영국으로 2만7,000명이 나가 21%로 수위를 차지했다.

영국 정부에서도 적극적으로 비자심사 등의 절차를 개선, 우수학생에 대해 빠른 시간에 비자발급을 해주고 있다. 이런 노력으로 해외유학생이 이미 2001년 22만3,465명을 달성하게 되었다. 또한 외국유학생들이 사용하는 현지 유학 비용이 영국의 중요한 재정원(財政源)이 되고 있다.

＊프랑스 : 프랑스제 향수나 삼페인을 팔듯이 대학을 팔아라

프랑스는 역사적으로 영국과 많은 경쟁 속에서 살아온 국가이다.

'프랑스어가 영어를 앞지르는 세상이 올 수 있을까' 어쩌면 이런 생각이 프랑스 유사 이래 계속되는 독백이었을 것이다.

프랑스의 잃어버린 자존심을 되찾을 수 있을까.

그러나 현실을 빨리 직시하자는게 프랑스 교육마케팅의 대전환을 예고했다.

이제 쓸데없는(?) 자존심에만 묶여있다가는 프랑스어와 프랑스 문화를 세계 시장에 보급하기에는 너무 힘든 여건이다.

프랑스에 유학오는 프랑스어를 못해도 된다.

영어로 수업을 하고 프랑스어를 제2외국어로 공부하는 것이다. 프랑스 유학생활 중 자연스럽게 프랑스어를 익히게 하여 친(親)프랑스

의 인재를 양성할 수 있다는 생각의 전환을 한 것이다. 그 결과 프랑
스는 보수적인 사고에서 벗어나 적극적으로 교육 마케팅에 나서고
있다.

꿈도 원대하다.

외국유학생 50만 명 유치 계획이 바로 그것이다.

국가기관인 'EduFrance'를 설립, 대대적으로 유학생 유치에 나서
고 있다. 유학업무 소관 부처도 교육부, 외무부 협의로 통합하고 유학
절차 등도 신속편리하게 바꿨다.

또한 일부 대학에선 유학생들에게 졸업후 1년에서 1년반 정도를
프랑스 내 기업의 인턴십 제공을 입학 조건의 하나로 제시하는 등 우
수 유학생 유치에 전력을 다하고 있다.

유학생 유치 범위도 넓혀 세계 35개 국가에 80개소의 해외주재 사
무소를 두고있다.

프랑스가 세계 시장에서 명품으로 이름 난 프랑스제 삼페인이나
향수를 팔듯이 프랑스 대학을 세계 시장에 팔고 있는 것이다.

＊독일 : 세계 최고의 기술을 배워라

독일공화국의 영향력을 재현하고 싶어한다.

그러나 현실적으로 지구촌 어디에서나 미국과 영국이 주도하는 영
어권 시장의 위력을 인정할 수밖에 없다. 세계 유학시장의 10% 규모
를 15%로 끌어올리고 독일어를 영어 다음으로 많이 상용하는 언어로
만들 수 없을까.

독일은 달라졌다.

독일 역시 최근 독일어를 굳이 고집하지 않는다.

그동안 유학 조건으로 까다롭게 요구하던 독일어 급수시험을 영어로 대체한 것이다. 이것은 제1단계로 먼저 영어로 공부시키고, 독일어는 제2단계로 병행하며, 제3단계로 유학생활 속에서 자연스럽게 독일어를 보급하는 전략을 채택한 것이다.

독일은 이를 위해 2002년부터 3년간 정부의 전(全)부처 합동으로 유학생 유치사업을 펼치고 있다. 소관 부처도 외무부, 교육과학 연구기술 부문뿐만 아니라 경제협력 개발부까지 관여하고 있다.

우수한 해외유학생을 유치하기 위해 전세계에서 연간 유학박람회를 100회 이상 개최하고 있다. 또한 대학간 컨소시엄 구성으로 다른 국가에서 별로 관심을 두지 않는 중동, 남아메리카까지 적극 찾아나서고 있다. 또한 독일 대학의 분교 설치도 상하이, 방콕 등 아시아 여러 나라와 아프리카권까지 확대하고 있다.

또한 주변 유럽국가 학생들을 유치하기 위해 ECTS(European Credit Transfer System)을 만들어 유럽 국가에서 받은 학점을 그대로 인정하고 추가학비 부담없이 학생들이 학위를 받을 수 있는 연계 프로그램도 실시하고 있다.

지구촌 어디서든지 독일을 떠올리면 벤츠와 지멘스를 연상하게 된다. 독일은 이런 고급기술을 배우려면 이제 독일에서 공부하라고 광고한다.

또한 독일에 오는 유학생들의 비자 발급 및 체류 조건도 완화하고 외국학생의 아르바이트 시간도 연장할 수 있도록 법적 제도도 개선하였다.

이러한 법적제도의 개선을 통해 현재 18만 명의 외국유학생을 22만 명 수준으로 끌어올리기 위해 정부와 학교가 공동으로 뛰고 있다.

이 같은 독일의 노력은 그동안 독일 통일 이후 침체된 분위기를 혁신하기 위해서이다. 이는 유럽공동체의 리더로서 역할을 수행하기 위해서는 세계 여러 국가의 학생들이 독일문화를 배우고 독일어를 익혀야 된다는 사실을 잘 알고 있기 때문이다.

*호주와 뉴질랜드 : 세계 유학시장엔 우리도 있다

또한 지리적으로 아시아권에 위치하며 공업 산업보다는 낙농산업 등 1차산업이 주된 산업이다.

인구도 적다. 호주나 뉴질랜드의 시골로 가면 가도가도 사람의 흔적이 보이지 않는 초원이 많다. 별로 돈을 벌만한 산업이 그다지 많지 않다.

그러나 가장 좋은 교육상품인 영어가 있지 않는가.

전세계 영어공부 열풍으로 돈도 벌고 아시아권 국가들을 결속시키는 계기로 활용하자는 게 이 두 국가의 공통된 생각이다. 즉 유학을 통해 경제 이익도 보고 국가 위상도 올리려는 것이다.

영어권 유학은 미국과 영국의 전유물이 아니다. 아시아 지역에 위치한 호주, 뉴질랜드도 미국과 영국에 뒤지지 않으려고 열심히 뛰고 있다.

특히 호주나 뉴질랜드는 영어권 국가 중에서 타 국가에 비해 학비와 생활비가 저렴해 한국, 중국 등 아시아권 학생들에게 인기가 높다.

호주나 뉴질랜드는 교육서비스 수출국으로서 그 위상이 날로 높아지고 있다.

그동안 중국, 한국 등 아시아 국가들에게 영어를 공급하는 언어학교 중심의 유학 시장에서 과학기술 중심의 유학 시장으로 경쟁력을 갖추겠다고 벼르고 있다.

이들 국가들은 더욱 적극적인 유학마케팅을 위해 세계 각국에서 유학박람회를 개최하고 있다. 또한 외국 소재 유학원과 연계, 학생 모집시스템을 갖추고 있으며 해외 유학 에이젠시를 가장 잘 활용하는 국가이다.

유학생 유치를 위한 비자 발급 요건도 완화하고 외국학생에 대한 장학금 프로그램 개발도 활발하다.

호주 정부와 대학간 연합체가 공동으로 유학수속도 간소화하기 위한 'one stop shopping' 서비스를 실시하고 있다. 또한 정기, 비정기 해외 유학박람회를 개최, 연극, 음악, 무용 등의 문화홍보 등 다방면의 유학마케팅을 적극적으로 실시하고 있다.

이들의 교육서비스는 국가 생존과 발전을 위한 중요한 '교역상품'(交易商品)' 인 것이다.

＊미국 : 미국은 영원하라

세계 유학생의 30%를 차지하는 있는 미국은 2차 세계대전 후 세계 리더 역할을 하기 위해 수많은 국가의 유학생을 유치했다. 이들은 현재 세계 각국에서 미국의 대변자 역할을 충분히 하고 있다.

또 유학생들이 미국에 정착, 미국 경제 및 과학 발전에 많은 기여를 했다는 것을 누구도 부인을 못할 것이다. 더불어 미국내 외국 유학생이 사용하는 유학비용도 110억 달러 (14조3,000억 원)로 추산되어 미국 경제에 큰 보탬이 되고 있다.

다만 9.11사태 이후 미국의 유학생 정책은 급변했다. 과거보다 비자 발급이 어렵게 됐지만 여전히 미국은 세계에서 많은 학생들이 가장 가고 싶은 나라이다.

이것은 세계에서 가장 부강한 나라인 미국에서 영어와 학문을 익힐 수 있다는 점이 가장 큰 매력이다. 물론 미국의 상당수 대학들이 세계 대학 순위에서 상위권을 차지하는 것도 하나의 요인이다. 이렇듯 학문이나 졸업 후 직업선택에서 타국가보다 조건이 좋기 때문에 미국은 전세계 학생이 찾아오는 최대의 유학 시장이다.

미국 국제교육연구원(IIE)에서 미국 교육부와 미국 내 2,100여개 대학을 조사, 발표한 '2002~2003년 미국내 외국인 유학생 실태조사'에서 미국내 외국인 유학생은 총 58만6,323명이다. 그 중 한국 학생이 5만1,519명으로 3위를 차지하고 있다.

미국에 유학생을 가장 많이 보낸 나라는 중국으로 1980년부터

● 대학별 유학생 수

( )유학생수

1위	2위	3위	4위	5위
남가주대 (6,270)	뉴욕대 (5,454)	컬럼비아대 (5,148)	퍼듀대 (5,105)	텍사스대(오스틴) (4,926)

(미국국제교육연구원)

1988년까지 1위를 차지했고 일본이 1994년부터 1999년까지 1위를 차지했으나 2000년부터는 인도가 계속 1위를 차지하고 있다.

대륙별로는 아시아(51%), 유럽(13%), 중남미(12%) 아프리카(7%), 중동(6%) 순이다.

* 싱가포르 : 아시아 최고로 가는 길을 찾아서

싱가포르국립대는 WCU(world class University) 프로그램을 통해 아시아 최고대학으로 도약을 추진중이다.

싱가포르는 국가 주도로 외국대학 유치를 하고 있으며 세계 초일류대학 유치를 위해 정부가 학교부지 알선, 외국대학에 대한 과실송금제한 철폐 등 적극적인 개방 정책을 펴고 있다.

이러한 노력으로 WCU프로그램에 의해 미국의 MIT, 존스홉킨스대의대, 조지아공대 등 7개 대학이 설립되어 싱가포르국립대와 공동 연구 및 강의를 하고 있다.

싱가포르는 아시아 유학생을 적극 유치, 현재 외국유학생만도 5만 명에 달한다.

국가발전의 중점전략을 교육에 두고 '아시아의 교육 허브'를 만들겠다고 뛰고 있는 것이다.

싱가포르는 교육 서비스를 차세대 성장산업으로 삼겠다는 국가 전략을 세웠다. 세계 우수대학을 유치, 아시권 유학 수요를 흡수한다는 전략이다. 싱가포르대학은 과학, 공학, 의학, 컴퓨터 관련 학과를 핵심 학과로 선정, 이들 분야의 전문 인력을 양성하고 있다. 이를 위해 세계 유수 대학과 교류를 추진중이며 MIT, 존스홉킨스, 와튼스쿨, 조지아공과대학, 뮌헨공대 등 10여 곳이 싱가포르에 분교를 설치, 운영 중이다.

싱가포르대학은 현재 세계 수준으로 발전하기 위해 기존 대학의 학사운영, 교육과정, 시험평가방식 등을 대대적으로 개편하고 있다. 또한 타국가 대학에 비해 상대적으로 경쟁력이 약했던 학과들을 폐지하고 전문인재 양성을 위해 전공을 세분화하는 등 개혁도 과감히 추진하고 있다.

싱가포르대학을 세계 수준으로 격상하기 위한 새로운 대학평가 방식도 도입하고 있다.

학생과 교수, 학과자문위원회를 통한 자체 평가는 물론 외부 전문인사들에게 학교 평가를 맡기고 있다. 정기적인 교육과정 평가를 통해 아시아의 최고 수준을 넘어 세계적인 대학 육성을 위해 힘쓰고 있는 것이다.

사실 한국이 외국학생들에게 그다지 매력 있는 나라는 아니다. 외국에서 한국으로 유학오는 외국유학생이 교환학생 또는 정부 파견학생을 제외하면 자비 유학을 온 학생은 과연 얼마나 되겠는가.

그동안 서구의 시각에서 보면 한국은 경제후진국이고, 언제 전쟁이 일어날지 모르는 불안한 나라로 비쳐진 것이 사실이다. 또한 국제무대에서 한국의 위상이 높지 않아 한국어의 활용도가 특별히 높지 않았다.

그러나 최근 2~3년 전부터 한국 자비유학시장이 생기기 시작했다.

주로 한국으로 오는 학생은 중국 학생이 전체의 50% 정도로 해외유학생 중 가장 많고 그 다음이 일본, 미국 등이다.

●중국 고교생의 유학 희망 국가

(상해시 14개학교, 428명 대상 조사 / 복수 답변 / 단위 : %)

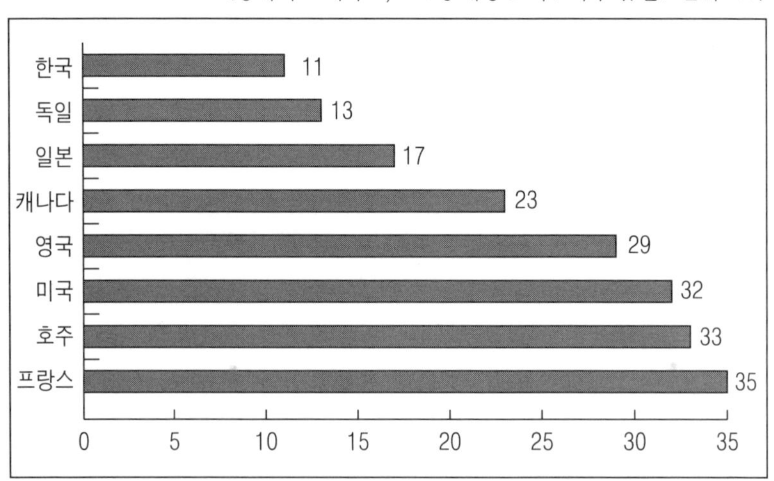

〈자료 : 上海市明略市場策劃有限公司〉

　　최근 한국이 1만 달러 수준의 경제성장을 이룩했고, 2002년 월드컵과 아시안 게임, 2003년 유니버시아대회 등 스포츠교류를 통하여 세계의 주목을 받았다. 또한 중국 등 동남아에서 불고 있는 한국 연예인들의 한류(韓流) 열풍이 외국청소년들에게 좋은 인상을 갖게 한 것이다.

　　실제로 지난해 중국 상하이 14개 학교 428명의 고교생을 조사한 결과, 한국 유학을 선호하는 학생이 증가하고 있다는 것을 알 수 있다.

　　이 결과는 한국 유학이 충분히 홍보되고 준비된 마케팅에서 나온 것이 아니다. 만약 구체적이고 전략적인 마케팅을 선행한다면 한국 유학의 선호도가 높아지리라 예상된다.

　　현재 일본에서도 한류 열풍이 불고있다.

　　2002월드컵 공동개최를 통해 두 나라가 그동안 갖고있었던 감정의 앙금을 많이 가라앉히는 계기가 되었다. 또한 최근 일본에서 배용준, 보아 등 한국 연예인들의 인기는 폭발적이다. 이러한 한류 열풍에 힘입어 한국어를 배우려는 일본 학생들이 급증하고 있다.

　　한국어 학습붐은 고등학교 교실로까지 파급, 일본고교 중 한국어

●중국학생의 연간 희망 유학 비용

(상해시 14개학교, 428명 대상조사)

인민폐	5万元 이하	5~10万元	10~15万元	15~20万元	20~25万元	25万元이상
한화(만원)	800	800~1600	1600~2400	2400~3200	3200~4000	4000이상
비율	32%	23%	23%	14%	7%	5%

〈자료 : 上海市明略市場策劃有限公司〉

강좌를 개설한 학교가 크게 늘고 있다. 일본 문부성 통계에 따르면 2003년 말 현재 한국어를 영어 외 제 2외국어로 채택한 고교는 219개 교로 1993년 42개교에서 10년만에 5배나 늘었으며, 제 2외국어 순위도 독일어를 제치고 중국어, 프랑스어에 이어 3위에 올랐다. 앞으로 일본에서 한국으로 오는 일본 유학생들도 점차 늘어날 것으로 생각된다.

또한 한국 유학은 비용면에서도 많은 경쟁력을 갖고있다.

●국가별 연간학비 및 생활비 비교

(대학기준)

중 국	한 국		일 본		미 국	
학비(중국인)	학 비	생활비	학 비	생활비	학비	생활비
5천원~1만원	500 만원	400 만원	100만엔 (1000만원)	110만엔 (1100만원)	21,000달러 (2500만원)	5000달러 (600만원)
75만원~150만원	900만원		2200만원		3100만원	

특히 한국에 가장 많이 유학을 오는 중국은 타국가에 비해 한국이 상대적으로 학비, 생활비가 저렴하다고 생각한다. 저렴한 가격에 비해 대학교육의 수준은 높아 특성있는 유학상품인 것이다.

중국 고교생을 대상으로 한 조사에 의하면 중국 학생들의 유학 비

●중국내 한국 기업체수

(단위 : 개)

산동성	요녕성	북경시	천진시	광동성
3,153	1,447	560	832	248

〈자료 : 수출입은행〉

용은 연간 5만 위안(한화 800만 원) 과 10만 위안 이하(한화 1,600만 원)라고 절반이 넘는 55%가 답했다.

실제로 중국 대학을 입학시 연간 학비가 적게는 5천 위안(75만원) 에서 많게는 1만 위안(150만 원) 정도 소요된다.

이에 비해 한국이 500만 원 수준, 한국과 유학경쟁국가라고 볼 수 있는 일본이 연간 약 1,000만원 정도 수준이다.

물론 미국이나 영국 등 서구 국가의 연간 학비는 한국이나 일본에 비해 훨씬 비싸 중국에서 경제적으로 넉넉한 가정의 자녀들이 아니면 유학하기가 곤란한 국가로 분류된다.

결국 한국은 중국 학생들에게는 유학비용을 고려한 경제적 측면에서 적합한 유학의 나라가 되는 것이다. 또한 중국 등에 진출한 많은 한국 기업들이 한국어 구사가 가능한 한국 유학파 인재를 선호하고 있으나 현재 그런 인재는 많이 부족한 상태이다.

한국이 중국과 수교를 맺은 1992년 이후 많은 한국기업들이 중국에 진출했다. 2004년 중국 진출 기업수는 수출입은행 통계로 약 6,000여 개 기업이나 실제 1만여 개가 넘는 것으로 추산되고 있다.

이제 한국 유학시장이 조금씩 형성되고 있다. 또한 최근 한국 대학의 학생자원 부족현상이 심각하게 발생, 그동안 등안시 했던 많은 대학들이 조급해진 마음에서 외국학생 유치를 서두르고 있다.

왜 여지껏 별로 관심이 없다가 갑자기 급해졌는가.

모든 일은 마음이 급하면 의욕이 앞서고 그러다보면 무리수를 두게 된다.

우리가 준비가 덜 된 상황에서 외국학생을 받아들이는 것은 여러

가지 문제를 낳게된다. 실제로 근래 2~3년간 중국 등에서 한국유학을 오는 학생들의 불법체류가 빈번해지고 있다. 해서 출입국관리소나 학교에서는 보증금 등 각종 제어장치를 만드는 등 불법체류를 막는데 부산하다.

그러나 여기에 많은 문제가 있다. 중국 학생들이 한국에서 공부에 전념해야 되는데, 왜 모두들 도망가는 것으로만 생각, 방어적으로 생각하는 것일까. 많은 중국학생이 유학 대상 중 한국의 경우 극히 미미한 수준이다. 오히려 한국보다 불법체류하기가 더 좋은 나라는 많다.

그러나 지금의 중국을 움직이는 새로운 성장동력은 외국유학을 마치고 중국으로 돌아온 해귀파(海歸派) 이다.

문제는 중국 우수학생 발굴을 위해 전략적인 학생선발과 비자 등 각종 제도적 개선, 한국에 들어온 학생들에 대한 생활관리 등이 중요하다고 생각한다.

사실 우수한 학생들은 불법체류를 하라고 해도 하지 않는다.

그러나 일부 학생은 학업에 대한 분명한 목적 의식에도 불구하고, 한국에 들어와 환경 변화로 인해 불법체류가 되는 경우도 있다.

결국 우수학생을 선발하는 마케팅 능력과 학생을 잘 관리할 수 있는 학교의 준비 상태가 중요한 것이다.

이제 우수 유학생을 유치하기 위해 정부, 학교, 전문업체가 공동으로 해외 마케팅을 적극나서야 하는 것이다. 해외에 나가 정보를 수집하고 현장경험이 풍부한 전문 기업과 손잡고 시장을 개척해야 한다.

실제 해외의 많은 정보는 기업들이 갖고 있다.

기업은 생존을 위해 정부나 학교가 하기 힘든 해외 현장 깊숙이 들어가 일을 하고 있다. 그러나 우리의 대학은 기업과 손잡는데 주저하는 경우가 너무 많다. 지금은 좀 덜하지만 필자가 학교나 출입국관리소를 방문하면 무조건 불법 브로커로 보는 사시(斜視)적인 시각이 너무 많았다.

이 세상은 혼자 할 수 있는 일이 별로 없다.

특히 국제교류업무는 더욱 그렇다. 왜냐하면 이런 일은 한국에서 혼자 하기엔 효율성에서 너무 떨어진다. 선진국에서 정부, 학교, 전문기업이 손잡고 공동 마케팅을 펼쳐나가는 것에 비해 우리는 개선할 점이 많다.

우선 우리가 비교적 쉽게 접근할 수 있는 나라의 우수 학생을 유치, 학교의 국제화 분위기를 조성해 학생 유치를 넓혀야 한다. 또한 비자 등 제도적인 개선과 더불어 외국유학생의 생활 관리, 취업 알선 등에 힘써야 한다.

결국 정부, 학교, 기업이 손잡고 유학시장을 만들어간다면 한국의 유학시장도 발전할 수 있는 것이다.

대학의 국제화 주장에 반대하는 사람은 아마 없을 것이다.

국제화를 통해 학술, 문화, 인적 자원의 많은 교류를 할 수 있다. 또한 학교는 국제 경쟁력있는 면모로 바뀌게 된다.

세계적으로 국제 교류가 활성화된 대학들을 명문대학이라고 부르는데 큰 무리가 없을 것이다. 그만큼 활발한 국제 교류는 대학 브랜드가치를 상승시키고 우수 교수진과 학생수급을 원활하게 할 수 있는 것이다.

그러나 우리 대학의 국제교류가 정확한 목적의식이 있고 강력한 실천력의 준비된 국제교류인가 한번 생각해 볼 필요가 있다.

혹시 대학의 국제화가 대학의 의전용으로 전용되고 있지는 않은가. 우선 남들도 하니까 우리도 하고보자 식의 국제화를 추진하지는 않는가. 필자가 중국 대학들을 방문하다보면 재미있는 이야기를 많이 듣는다.

소위 중국의 명문대학이라고 불리는 몇몇 대학에는 한국의 수많은 대학들이 몰려오고 있다. 심하게 표현하면 구걸에 가까운 러브콜을 하고 있는 것이다.

그러다보니 중국 대학들의 콧대는 세어지고 한국 대학을 대하는 자세도 많이 달라진다. 그 결과 어렵게 교류 프로그램이나 상호협력에 대한 협정까지 이르면 다행이지만, 그렇지 못하는 경우가 더 많다. 문제는 그렇게 어렵게 만든 여러가지 협정이 제대로 이행되고 있지 않는 경우가 많다는 것이다.

교류협정 서명식에 학교 관계자들이 대거 몰려와 악수하고, 사진 찍고, 그 다음 아무 연락이 없다. 전화하면 담당자는 출장중이다.

이러다 잊혀질 무렵 이번엔 또 다른 학교가 찾아온다.

중국의 대학과 협정을 맺고 실질적인 진행이 되는 경우는 그다지 많치 않다.

최근 모대학에 대외협력처, 국제교류처가 설치되었다.

대개 대학의 국제교류에 관한 공통된 생각은 진정한 대학의 국제화 추진을 위해 국제교류부서는 총장 직속에 둬야한다는 것이다. 또한 핵심부서로서 강력한 추진력을 갖춰야 된다고 생각된다. 그러지 못하면 일만 많고 힘도 없는 허울좋은 한직 부서가 되기 쉽다. 왜냐하면 업무의 결과물이 무형으로 나타나는 것이 많기 때문이다.

또 국제교류 담당자의 잦은 교체도 전문성 있는 국제교류 담당자 양성을 어렵게 한다.

그러나 한국에 KAIE가 결성되어 NAFSA(국제교육협회), JAFSA(일본국제교육협회) 등과 일년에 두 번 정기 워크샵을 통해 많은 정보를 교환하는 것은 무척 다행스러운 일이다.

또한 국제화를 위한 분위기가 학교에 조성되어야 한다.

어떤 교수들은 외국학생을 받는 것조차 기피한다. 지금 하는 일도 많은데 외국학생에 맞는 수업을 해야하고 업무만 증가된다고 생각하는 교수도 있는 형편이다.

또한 원어 강의가 부족한 것도 문제점이다..

한국 대학의 25만9,000강좌 중 외국어강좌는 1만9,300여 강좌로 7.5%에 지나지 않는다. 국내 대학의 외국인 교수 비율도 2001년 기준, 2.58%에 불과하다.

아직 외국 학생을 유치하기엔 여건이 미비한 대학이 많다. 한국어 과정을 개설, 외국 학생에게 한국어를 강의하고 교양과목 최소학점 인정 등의 방법을 강구해야 한다.

아울러 영어 수업을 적극 개발해야 된다. 영어 수업을 해야 영어가 가능한 학생은 한국어를 몰라도 곧바로 수업이 가능할 것이다.

영어 수업 역시 교수 몇 명이 영어로 강의한다고 해서 되는 일이 아니다.

학교가 행정시스템도 갖추고 커리큘럼도 영어 수업에 맞춰 새로 개편해야 한다.

영어 수업이 개설되면, 영어가 가능한 외국 학생과 교수 초빙이 용이해진다.

또한 외국 학생이 거주할 수 있는 기숙사도 건립해야 한다. 만약 비용문제로 당장 기숙사 건립이 어렵다면 외국인 기숙사업을 전문으로 하는 업체를 발굴, 육성하면 될 것이다.

그동안 우리는 새로운 정부가 들어설때마다 새로운 구호들이 만들어졌다.

'국제화'도 있었고 '세계화'도 한때 많이 쓰였다. 그 뒤 '글로벌' '지구촌' '세계속의 한국' 등등 여러가지 구호가 쏟아져 나왔다.

과연 국제화 또는 세계화는 무엇인가. 아마도 '한국은 좁으니 세계 속에서 생존을 위한 국제 경쟁력을 기르자' 라는 의미일 것이다 .

그래서 남에게 뒤지지 않기 위해 우리의 수많은 학생들이 해외유학, 연수를 떠나고 있다. 새로운 것을 많이 배우고 새로운 사고와 기술로 조국의 부흥에 힘쓰겠다는 마음은 바람직한 것이다.

그러나 다시 한국으로 돌아와 정작 새로운 패러다임을 추구하기에 어려움도 많이 있다. 미국에서 박사 학위를 받아 한국에 왔지만 정작 일할 곳이 없어 전공과 무관한 일을 하는 것이다. 이런 내키지 않은 삶을 영위하는 자가 주변에 의외로 많은게 사실이다.

한국 학생이 모두 떠나는 것이 우리가 말하는 국제화, 세계화인가. 과연 한국이 세계 속에서 자리잡을 수 있을까. 최소한 동북아 중심국가라는 구호에 걸맞는 위치를 차지할 수는 없는 것인가

요즘 같아선 어느 하나도 만만치 않은 것 같다.

인류의 역사는 윤회한다고 한다.

세계적인 석학 토인비는 일찍이 역사의 순환을 말했다.

최초 황하문명에서 갠지스문명, 메소포타니아문명, 이집트문명을 거쳐 유럽의 중세, 그리고 근대 대영제국, 지금의 미국이 역사의 순환

인 것이다. 그럼 미국의 파워가 태평양을 건너 다시 황하문명의 발상지인 동북아로 돌아오는 것은 아닌가. 지금의 동북아는 세계 제2의 경제대국 일본, 최강국으로 부상중인 중국, 저력의 러시아가 한 곳에 모여있다. 과연 한국은 그 틈에서 동북아의 중심 국가가 될 수 있을까. 한국의 대학이 앞장 서면 가능할지도 모르겠다.

한국은 매력있는 유학대상이 아니다. 우선 한국 언어가 소언종(小言種) 언어이다. 경제 발전도 많이 앞선 나라가 아니다

그나마 한국에 유학을 오려는 나라는 중국과 일본이라고 생각한다.

우선 중국과 일본의 학생을 적극 불러들이자. 학교와 정부, 기업이 구체적인 추진 방법을 연구하고 다함께 적극적으로 나선다면 가능한 일이다.

이를 바탕으로 한·중·일 3국 대학이 연합, 한국에 '아시아연합대학'을 만들면 어떨까.

우선 한국과 중국, 일본에서 연합대학에 참여할 대학을 발굴하자. 그리고 각 대학의 특성있는 교육 프로그램, 커리큘럼을 제출, 3국 연합대학의 프로그램과 커리큘럼을 짜도록 하자.

예를 들어 프로그램과 커리큘럼을 제출, 채택된 대학의 교수가 강의를 맡는 것이다. 3국 대학의 특성화된 과목을, 공용하는 공통 과목도 만드는 것이다. 또한 학점 공유와 같은 특화된 아시아연합대학 커리큘럼을 만드는 것이다.

이런 특성의 커리클럼은 한국어, 일본어, 중국어, 영어 등 외국어 과목이나 국제무역, 국제금융, 관광경영, 기계공학, IT등 공학분야도

가능하리라 생각한다.

연합대학의 이윤분배도 각기 적당한 비율로 나눌 수 있을 것이다.

또한 사용언어는 영어로 하자

일본 학생은 영어와 제2외국어로, 한국어와 중국어를 배우고 중국 학생도 영어와 제2외국어인 한국어와 일본어를 익히는 것이다.

3국 학생을 주축으로 아시아연합대학을 한국에 설립한다면 우선 한국 대학의 국제화를 앞당길 수 있을 것이다. 또한 아시아연합대학이 발전, 다른 아시아 국가와 서구 학생들도 유치해 세계적인 연합대학으로 발전할 수도 있을 것이다. 우선 아시아연합대학 설립에 관심 있는 3국 대학간 협의와 협상을 통해 아시아연합대학을 만들수 있는 길을 찾아내야 할 것이다.

만약 한국 대학이 아시아연합대학 설립을 주도한다면, 대학 국제화를 성공적으로 이루고 동북아 중심국가 및 아시아의 리더로 자리를 잡을 수 있을 것이다.

세계 어디를 가든지 중국의 화교(華橋)가 그 지역 경제권을 장악하고 있는 것을 쉽게 볼 수 있다. 즉 차이나타운이 있는 것이다.

전세계 화교는 약 6,000만 명에 달하고 이들의 경제규모는 웬만한 국가를 능가한다.

아시아 1,000대 기업 중 절반 이상이 화상(華商)기업이고 이들 기업의 총자산도 2001년 상반기 기준으로 5,000억 달러에 이르고 있다.

이러한 화교자본이 중국에 유입, 중국의 고도성장을 이끈 원동력이 되고 있는 것이다.

실제 중국에 유입된 해외 자본의 60~70%는 화교 네트워크를 통한 홍콩, 대만계 자본이 가장 많다.

전세계에 퍼져있는 화교 네트워크를 체계화시키고 화교 자본을 중국으로 유치하기 위해 중국 정부의 노력은 매우 적극적이다. 중국은 1991년부터 2년에 한번씩 세계화상대회를 개최하고 있다.

1999년 호주 멜버른 세계화상회의 때부터는 중국 정부 대표단을 파견하고 2001년 9월에는 중국 난징(南京) 대회를 유치하고 있다.

한국도 분명 중국의 화교와 같이 부를 수있는 한교(韓橋)가 있다. 우리는 이들을 통상 재외동포라고 부른다.

그러나 일제강점기에 일본으로 끌려간 재일동포, 1970년대 이후 미국에 정착한 재미동포, 지금은 중국인이 되어버린 중국의 조선족, 구소련 지역에 흩어져 살고있는 고려인, 기타 다른 국가에서 나름대로 한국인의 피라고 생각하며 살고 있는 동포, 그들은 분명 우리의 한

(2003년 8월 현재 / 단위 : 백명)

미국	중국	일본	구소련	동남아	캐나다	중남아	유럽	중동	아프리카
21,574	21,447	6,385	5,577	1,964	1,701	1,056	943	66	51

〈자료 : 외교 통상부〉

교(韓橋)들이다.

세계 각지에 분포되어있는 재외동포는 약 140여개 국가 약 600여 만 명에 이른다. 이 숫자는 남한 인국 대비 약 14%이며, 남북한 합친 전체 인구의 7.4%에 이르는 많은 동포가 우리의 한교(韓橋)인 것이다.

이렇듯 우리에겐 많은 한교(韓橋)가 있는데도 이들에 대한 인식이 별로 없는 것 또한 사실이다.

특히 재미, 재일동포는 같은 민족이라는 동류의식이 있으나 조선족, 구소련권 고려인 동포들은 재외동포라는 의식이 매우 적다.

●재외 동포 증가수

(단위 : 만 명)

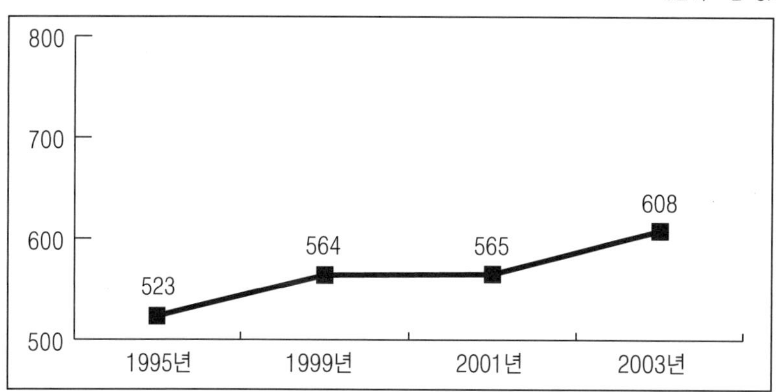

〈자료 : 외교 통상부〉

중국 조선족 동포의 경우 실제로 가볍게 대하는 경향이 많은 게 사실이다. 이로인해 한국인과 조선족 사이에 서로 간 많은 불신이 쌓이고 있다. 그래서 중국에 진출한 많은 기업들이 조선족 채용을 기피하는 일까지 발생하고 있다.

중국의 조선족 동포들에 물으면 자신의 나라는 분명히 '중국' 이라고 말한다. 다만 민족만 조선이라고 말하고 있다.

중국의 화교들도 자기가 거주하고 있는 나라의 국민이라고 말한다. 그러나 '나는 중국인' 이라고 말하며 조국은 '차이나(중국)' 라고 당당히 밝힌다. 중국에 살고 있는 조선족 동포들은 생활력이 강하고 자녀 교육을 중시한다. 매년 대학입시에 우수한 성적으로 대학에 입학하는 상당수 조선족 학생 명단이 신문에 자주 등장하고 있다.

또한 지금 중국 조선족 중 부자들도 나오고 있고, 이들 중 큰 기업을 이루는 사람도 있다. 그렇다면, 중국의 화교들이 중국에 투자하듯 조선족 동포들이 한국에 투자 할 것인가.

같은 피줄의 동포는 우리가 곧바로 가동할 수 있는 실질적인 네트워크가 될 수 있다.

실제 광범위한 국제 네트워크를 갖추려면 매우 어려운 것이다. 우리는 이미 국제 네트워크를 갖고있지만 제대로 활용이 안되고 있는 것이다.

재일동포들은 일본인들이 가장 즐기는 빠징코산업의 80%를 장악하고 있다.

일본의 빠찡코산업에서 유통되는 돈은 일본의 5대 자동차 회사 수익과 버금가는 엄청난 돈이다.

그런데 과연 재일동포들이 한국에 얼마나 투자하고 있는가. 중국에 조선족 동포들의 투자 대상이 중국이 아닌 그들의 조국인 한국인 것인가.

피는 물보다 진하다고 한다.

그러나 그들에 냉대와 무관심으로 우리의 중요한 해외 인적자원이 상실되는 것이다.

최근 중국에서 한국의 고구려사를 다루는 '동북공정' 문제가 제기되고 있다. 이 '동북공정'에 참여한 많은 학자들은 다름아닌 조선족 동포학자라는 얘기가 들려 온다.

만약 이것이 사실이라면 한국의 역사를 잘알고 있는 조선족 동포학자들은 자기가 태어났고 자신이 살아가야 할 나라인 중국 입장에서 프로젝트에 참여했을 것이다.

우리는 이들에 대한 교육에 관심을 갖고 우군화시켜야 한다.

최소한 우리와 등지고 살아가지 않도록 해야 된다.

이들에 대한 교육과 네트워크 구축에 정부나 대학이 앞장서야 된다. 특히 대학이 앞장 서 프로그램을 개발해야 된다.

우리에겐 600여만 명의 네트워크가 있고, 그들은 우리의 우군(友軍)인 것이다.

한국의 청년실업은 이제 사회적 문제다.

장기 침체의 틀에서 헤매고 있는 일본도 청년실업의 문제는 대단히 심각하다.

한편 매년 9 % 정도의 경제성장으로 세계의 공장인 중국도 대졸실업은 큰 사회 문제다.

일본과 한국에서의 청년실업은 이해가 되는 부문이 있지만, 고도성장을 하고 있는 중극 청년실업은 얼른 이해가 되지 않는다.

물론 중국에서 1990년대 이후 대학졸업자의 양산도 그 원인이겠지만 졸업자들이 기업체가 필요한 전문기술과 지식을 갖추지 못한 것이 큰 이유이다.

당분간 고도성장의 중국에서도 인재수요도를 만족시키지 못해 '대졸자=실업자' 의 문제는 쉽게 해결될 것 같지 않다. 즉 준비안 된 대학 졸업자들은 결국 기업에서 외면당하고 있는 것이다.

한국도 마찬가지다.

경기침체로 실업자가 양산된다고 볼 수 있지만 대학이 인재수요처인 기업에서 요구하는 실용인재를 배출하지 못하는 것도 주요 원인이라고 볼 수 있다. 지금 많은 기업은 신입사원보다는 경력자 채용을 더 선호하고 있다.

왜 그런 것일까.

대학에서 배운 지식의 현장활용보다 오히려 실무교육을 하는데 많은 시간과 비용을 투입하고 있는 것이 오늘의 기업 현실인 것이다.

그래서 사회에서 전문지식을 이미 습득한 경험자를 선호하게 되는 것이다.

그러나 대학의 현실은 이러한 시장수요와 거리가 먼 범용(凡用)교육을 하고 있어 결국 전문성을 갖춘 인재보다는 어정쩡한 범용(凡用)인재만 양산하고 있는 것이다.

또한 많은 대학들이 교수 1인이 담당하는 연간 강좌수가 5~6개에 달하고 교수가 강의하는 것보다 시간강사가 맡는 강좌가 더 많다보니 땜질식 강의가 많고 강의의 일관성을 잃고 있는 경향도 보이고 있다.

그렇다면 대학이 시대흐름을 제대로 파악하지 못하고 취업시장의 수요처인 기업의 요구와 수준을 따라가지 못하는 것은 아닌가. 시장수요와 시대흐름에 맞는 전공학과와 학과 정원의 재편성도 필요한 것은 아닌가.

●기업에서 이공계 인력 숙련 소요시간

(2003년 6월조사)

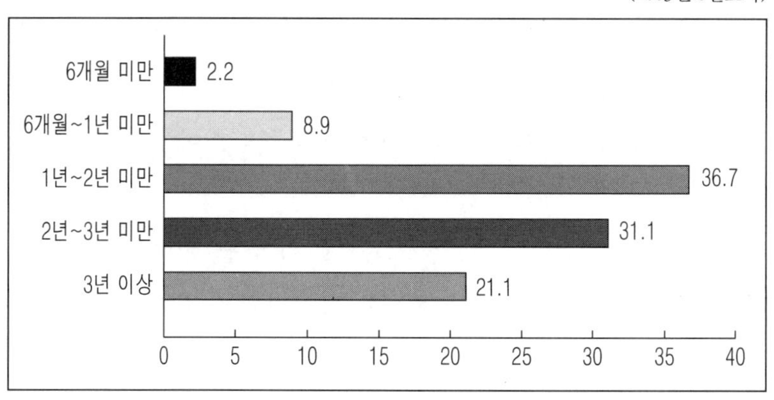

〈자료 : 전경련 자료조사〉

시장경제 원리는 공급과 수요의 법칙으로 움직인다.

한국의 실업난은 1980년대 이후 대학 정원의 증가도 그 요인이겠지만 기업의 수요에 맞는 인재 공급자인 대학의 자세도 변해야된다고 생각한다.

지금 한국의 산업구조는 급격히 변하고 있는만큼 그 변화를 미리 예측하고 그 변화에 어울리는 교육 훈련시스템을 개발해야 될 것이다.

어쩌면 한국은 당분간 과거와 같은 고도성장 시절은 없을 것이다.

한국 경제의 저성장과 불황 지속으로 상황은 점점 어려워저 누군가 발빠르게 대처해 사회에서 필요한 인재를 양성해야 될 것이다.

대학은 대학이라는 상품(商品)으로 고객인 학생으로부터 학비(學費)를 받아 학교를 운영하고 있다.

예를 들어 이공계대학의 연간 학비가 700만 원 정도라면 학생은 연간 학비와 기타 비용으로 300만 원 약 연간 1,000만 원정도가 필요한 것이다.

학교는 1,000만 원을 지불한 고객인 학생에게 최소 5배인 5,000만 원 가치의 대학교육을 실시해야 될 것이다. 고객인 학생은 4년을 다니는 동안의 최소한 2억 원 가치 이상의 교육을 받아야 된다고 생각한다.

우리의 대학교육이 고객중심 교육으로 가야 될 것이다. 고객인 학생이 사회에서 필요로 하는 교육을 받고 사회에 나와 자기 몫을 해나갈 수 있어야 된다.

또한 사회의 인재수요처인 기업과 연계, 사회에서 필요로 하는 지식이 무엇이며 그것의 습득을 위해 어떻게해야 되는 가를 알려줄 수 있어야 한다.

현재 한국 대학도 산학협력을 통해 기업과 대학이 서로 이해하고 공동 프로젝트를 수행하는 등 많은 노력을 하고 있다. 하지만 산학협력의 실상이 기업따로 학교따로 움직이는 상황이 허다하다.

기업은 대학보다 훨씬 현실적이다.

기업이 실제적인 도움이 된다면 산학협력을 외면할 이유가 전혀 없는 것이다.

대학과 같이 일해보니 별로 도움도 안되는 이론식 접근만 나열, 기업으로서는 더 이상 대학에 기댈 필요가 없다고 판단하기 때문이다.

중국의 교판(校辦)기업과 같은 형태와 운영상황을 분석해보고 우리 대학도 기업과 학교 가 같이 산학기업 모델을 만들어야 될 것이다.

결국 대학도 시대 흐름을 관리하고 시장(기업)의 요구에 부응해야 살아남을 수 있는 것이다.

이제 대학은 고객인 학생, 기업, 사회 등의 수요자 중심으로 교육으로 재편해야 한다.

지금까지는 공급자 위주의 교육방식이었다. 이것은 졸업자를 사회에서 다시 재교육시켜야하는 비효율적인 시스템인 것이다.

결국 대학은 고객인 학생과 기업에서 무엇이 필요한지를 정확히 파악, 시장수요에 맞는 교육시스템을 갖춰야 될 것이다.

얼마 전 필자는 상하이에서 버스를 탔다.

일반 시민들이 이용하는 상하이 시내 버스는 볼보산이다. 에어컨은 물론이고 액정TV가 두 대 부착되어 있는 등 내부장식이 세계 어디다 내놔도 빠지지 않는다.

이날 중국 유인우주선 선조우(神舟)호가 무사히 귀한했다는 소식이 버스안 TV에 방영되자 차안은 갑자기 "와"하는 소리로 가득찼다.

5,000년 역사의 중국인 자존심이 한순간에 회복되는 장면이었다.

이제 미국과 동등하게 우주 전쟁을 벌일 수있는 계기가 마련됐다고 중국인은 자국의 과학기술에 자부심을 느꼈다. '기술강국'을 외치된 구호가 현실로 나타난 것이다.

중국의 유인우주선 소식에 못내 당황하는 것은 일본이었다.

일본은 중국보다 과학기술은 앞선다는 자만심이 한순간 사그러지는 느낌을 받았을 것이다. 우리 한국은 패배라는 생각이 들기보다는 그저 머리가 떵하고 멍한 기분에 중국을 부러워하고만 있었다.

세계 강국들의 공통된 강점은 과학기술이 발달된 나라이고 과학기술자에 대한 우대가 좋은 나라들이다. 이들 국가에서 양성된 과학기술자들은 과학기술 분야만 아니라 재계, 금융계, 심지어 정, 관(政,官)계까지 활동 영역을 넓혀가고 있다.

우리 한국은 특별한 자원이 없는 국가이다.

좁은 국토에 많은 인구가 있어 그야말로 갖은 것이 사람밖에 없는 나라이다. 그동안 한국민은 명석함과 근면함으로 1960년 1인당 국민소득 79달러에서 오늘날 국민소득 1만 달러를 넘어섰고 세계 13위의 경제규모를 갖게 되었다.

이런 비약적 발전의 원동력은 한국인 특유의 총명함과 근면이다. 또한 1960년대 월남전 특수, 1970년대 후반 중동특수, 1980년대 올림픽특수도 발전의 힘이 되었다. 그러나 한국은 독창적인 기술보다는 일본 등 선진국가의 제품을 모방하는 모방 상품이 더 많았다.

그런 현실에서 이공계 기피현상이 나타나고 있다. 왜 이공계 기피현상이 나오게 되었는가. 혹시 한국이 예로부터 농공상인에 대한 가치를 제대로 인정하지 않는 풍조에서 기인한 것 인가.

그러나 지금의 한국은 이공계 기피현상은 이공계 출신에 대한 사회의 부정적 인식과 안정된 직장 수요의 부족이 큰 요인일 것이다. 이공계를 나와 좋은 직장을 얻고 나은 대우를 받는다면 누구나 이공계를 지원할 것이다. 한국에서 우수한 두뇌를 갖고 있는 고등학생은 문과의 경우 법대를 가 사법고시를 준비하고 이과의 경우 의대를 가 의사가 되고 싶어한다. 결국 한국의 우수한 두뇌는 변호사와 의사로 몰리고 있다.

이것은 험난하게 변화하는 사회 현실에서 의사와 변호사의 라이센스(자격증)로 자기 인생의 보호막을 만들어 살겠다는 생각이다.

반대로 이공계를 나와 어렵게 회사에 취직하거나 이공계 박사학위를 갖은 사람은 국내 영업직에 전전하다가 자기 현실을 비관하며 아파트에서 투신 자살했다는 소식은 이공계 출신의 현실을 말해준다.

사회전반적으로 이런 분위기이니, 누가 이공계를 가려고 하겠는가.

그러다보니 과학기술의 기초가 되고 있는 수학을 열심히 공부하는 중고등학교 학생이 적어지고 암기과목 위주의 문과 지망생이 늘고 있다.

수학의 기초가 없다보니 이공계 진학에 필요한 수학 등의 과목을 등안시 하고 또 점차 수학이 어려워 이공계를 기피하는 악순환이 계속되고 있다.

그럼에도 학생 정원을 못채우는 일부 대학에서는 이공계에 수학을 못해도 입학할 수 있도록 문호를 개방, 어설픈 이공계 출신을 양산하는 악순환이 계속되고 있다.

우리나라는 정부에서 지원하는 국가연구 개발사업비도 대학에는 인색하다.

지난 2000년 기준, 정부에서 지원하는 전체 연구비의 53%가 국책 연구소나 출연 연구소에 투입된 반면 대학에는 25%밖에 지원되지 않았다.

이는 미국 33.2%(98년), 일본 41%(99년), 독일 44%(99년), 영국 41%(97년)에 비해 크게 저조한 것이다.

우리가 석유를 확보하기 위해 해외유전개발을 하듯 이공계는 국가의 중요한 인적 자원이다. 무엇보다 이공계에 대한 투자가 시급하다. 많은 우수한 학생들이 이공계를 지원, 공부할 수 있도록 정부와 학계, 기업에서 다함께 만들어야 한다.

지금 한국의 이공계대학원은 고사(枯死) 상태를 맞고 있다.

매년 정원을 못채우다보니 정원을 감축하는 사태까지 발생하고 있다. 혹시 이공계대학원에 입학하는 것이 취직 안되어 학업상태를 연장하는 도피처가 되고 있지는 않은가. 아니면 좀 더 지명도가 높은 대학원에 진학, 이른바 '학벌세탁' 을 위한 과정이지는 않은가.

솔직히 현재 많은 교수와 학생들이 바라보는 한국 대학원의 장래는 비관적이다.

대학원에 진학하는 학생들이 없다보니 중국, 베트남, 인도네시아 등 동남아학생들을 유치, 교수들의 연구를 돕고 있는 경우도 있다.

또하나 큰 문제는 한국의 대학에선 교수 신규 채용시 국내 출신보다 외국대학 박사를 선호한다. 결국 국내에서 대학원을 졸업해도 결정적으로 교수 임용시는 결국 외국대학 출신에게 떨어진다는 인식이 팽배하다.

이런 환경에서 누가 한국의 대학원을 가겠는가.

결국 유학 가 학위를 받고오는 게 교수되기가 쉬우니 우수한 학생들은 무리를 해서라도 한국을 빠져나가게 되는 것이다.

또한 박사학위자들의 취업난은 더욱 심각하다.

1994년 이후 배출된 국내외 박사 7만708명 가운데 신규 채용된 전임강사는 2만6,024명으로 전체의 36.5% 밖에 되지 않는다.

그나마 2003년 상반기 외국박사 학위소지자가 전체의 24%에 불과하지만, 전임강사 임용비율에서는 신규임용자의 44%를 차지해 외국대학 박사학위자에 대한 선호도가 매우 높다는 것을 알 수 있다.

이러 현상은 국내 대학원 진학의 기피로 이어져 대부문의 국내 대학원은 입학정원을 못채우는 현상이 나타난다. 이는 국내 대학원의 황폐화를 가져오고 동시에 기술개발과 심도있는 학문의 연구기반이 없어지는 것이다.

세계 어떤 국가도 국내 기반없이 유학만으로 선진국에 도달한 나라는 없다. 많은 외국학위자들을 교수로 채용, 학생들을 가르치는 것은 부품을 외국에서 수입해 국내에서 조립하고 상표만 붙힌 OEM상품과 다를 바가 없는 것이다.

우리의 대학원을 육성해야 진짜 우리 것이 되고 교육의 선진국이 될 것이다.

한국 토종박사들이 세계 과학기술 대열에서 태극기를 휘날려야 진짜 우리 것이 되는 것이다.

사람에 대한 투자는 없어지는게 아니고 무한한 에너지의 재창출을 의미한다.

필자에게는 올해 대학을 진학하는 아이가 있다. 이공계 지망학생이다.

진학 희망학과를 물어보니 처음에는 누구나 말하듯이 의대지망에 대한 얘기가 나왔다. 그후 최종 결정은 수학과를 지망하게 되었다.

수학과 지망동기는 우선 수학을 좋아하고 나중을 이공계 대학원을 가기 위해 수학을 더 공부하고 싶어서이다.

당장 주변에서 '수학과를 나와서 뭘하냐', '수학과는 취직이 안되니 수학과가 아닌 응용학문을 지원하라' 는 말들이 많았다. 그러나 그

●박사 학위 소지자의 전임강사채용

(기간: 1994년 - 2003년)

국내외 박사 수	채용 박사 수	미 채용 박사 수
7만1,708명	2만6,024명	4만 5,684명

〈자료 : 교육인적자원부〉

어떤 분야도 자신이 좋아하는 분야에서 최선의 노력으로, 최고의 자리에 이르게 된다면, 어느 사회에서나 환영받고 가치있는 인생을 살 수 있다고 생각한다.

비단 이것은 어느 한 사람만의 문제가 아니다. 많은 학생들이 이공계를 지망하도록 정부, 학교, 기업들이 나서야하는 우리 공통의 문제인 것이다.

정부에서 이공계에 대해 예산을 1조 원를 지원하면 연봉 1억 원의 과학기술인력을 1만 명을 쓸 수 있다.

10조 원를 쓰면 연봉 1억 원의 과학기술인력 10만 명의 고용을 창출할 수 있다.

현재 한국에서 연봉 1억 원 이상을 받는 과학기술인력이 많은 편은 아니다. 그들에게 그만한 대우를 해주고 사기를 북돋아준다면, 누가 이공계를 기피하겠는가.

만약 연봉 1억 원을 받는 엔지니어 10만 명이 연구개발에 전념한다면 이들이 창출하는 연구개발의 가치는 몇 배의 부가가치를 생산, 국가 발전에 큰 몫을 할 것이다.

영국에서도 이공계 기피현상을 해결하기 위해 영국 정부에서 적극 나섰다.

예를 들어 물리학과에 지원하는 학생들에게 연간 1,000 파운드의 장학금을 지원하고 있다. 이 같은 영국 정부의 이공계 학자금 지원정책 이후 불과 1년 만에 이공계 지원자가 무려 40%나 증가했다는 조사 결과가 나왔다.

현재 정부에서 많은 국책 사업을 진행하고 있다. 사업내용에 따라 수 조 원 또는 수십 조 원이 투입되는 사업도 있다. 하지만 그 사업이 결실도 없이 국민의 혈세만 소진하는 국책사업 또한 얼마나 많았는가. 이공계 육성은 누구 한 사람의 문제는 절대 아니다. 정부, 학계, 기업에서 모두가 나서야 된다.

이공계를 살리고 육성하는 길이 나라의 흥망을 결정하는 중요한 길이기 때문이다.

모두들 대학이 변해야 나라가 산다고 얘기를 한다.

그러나 실제 어떻게 변해야 되고, 현재 얼마나 변하고 있는 지에 대해서는 잘 모른다. 왜 그런것일까

혹시 대학이 변해야 산다는 당위성에 대해서는 인식을 많이 하고 있지만, 아직까지 절박감이 덜한 것은 아닌가.

만약 각자의 대학이 기업이라고 가정하면 어떻게 될 것인가.

기업의 생존 법칙은 간단하다.

시장에서 이윤을 창출해야 그 이윤으로 직원의 급여를 지급하고 앞으로 회사의 성장을 위한 재투자를 하는 것이다.

물론 한국 대학이 이런 기업적인 사고와 경영시스템을 갖고 있지 않다는 것은 아니다.

그러나 한국에서도 수도권 대학을 제외하고는 이미 일부 대학에서 학생 정원을 채우지도 못하는 실정이다. 이에 따른 대책과 과감한 경영 개선 실행정도가 일반 기업에 비해 차이가 있다고 생각한다.

필자는 많은 대학을 방문 실무담당자들과 이야기를 나눈다. 그러면 한결같이 대학이 변해야 되고 이대로 가면 안된다는 것을 모두가 인지(認知)하고 있다. 하지만 '대학의 특수성' 으로 아직은 멀었다는 이야기들을 많이 듣게 된다.

어쩌면 '대학의 특수성' 이라는 단어로 모든 것을 대변해 버리는지도 모르겠다.

과연 그들이 말하는 '대학의 특수성' 은 무엇인가.

혹시 대학은 일반 기업과 달리 학생을 가르치고 학문을 연구하는 상아탑(象牙塔)이며 교직원들의 품위 유지와 안정된 직장을 유지할 수 있는 곳이라는 인식이 저변에 흐르고 있는 것은 아닌가.

이중 가장 중요하게 생각되는 것은 대학은 고귀한 품위 유지와 안정된 직장이라는 대목이다.

대학의 전임교수가 되기 위해 갖은 고생과 노력이 들어가게 되고 일단 그자리에 진입한 이상, 자리를 지키기 위한 엄청난 방어 노력이 필요한 것이다.

탈락한 자들은 그 자리에 진입한 자를 부러워하고, 자신과 사회에 대한 비관과 원망을 갖고 여기저기 전전하는게 현실이다.

그런만큼 대학은 아직까지는 한국 사회에서 고귀한 품위 유지 장소와 정년이 보장된 일터로서 안정된 직장이라는 시각이 일반적인 것 같다. 그러나 지금은 세상이 달라지고 있고 달라지는 속도는 더욱 빠르다. 즉 우리가 살고 있는 판이 달라지고 있다는 것이다.

기업 시각에서 보면 그동안 내수시장에서 비교적 안정되게 사업을 해왔지만 이제 내수시장 상황이 달라졌다는 것이다.

이제는 내수시장만으로 도저히 살아갈 수 없는 상황에 봉착한 것이다. 내수시장이 어려워 수출시장을 개척해야 되는 절박함에 봉착된 것이다.

지금 이런 상황변화에 따른 문제의 해결방법은 간단하다.

대학이 진정 살아남고 발전하기 위해 변해야된다고 주장한다면, 그동안 대학이 갖고있는 고귀한 품위유지 장소와 안정된 직장이 되기 원한다면, 대학은 기업 마인드로 전환해야 하는 것이다.

만약 '지금부터 우리 대학은 기업이다' 라고 선언한다면 어떻게 될까.

이런 상황을 가정해보자.

우선 대학 교직원의 직함부터 바꾸어 생각해보자.

대학의 이사장은 기업의 회장, 대학총장은 CEO, 부총장은 부사장이 되고, 각부 처장은 이사 또는 부장으로 바뀔 것이다. 학생은 고객이 되고 대학은 상품이 된다. 대학 교수와 연구실험실은 상품을 만들어 내는 공장이 된다. 대학의 행정 직원은 공장내에서 상품을 만드는데 도움을 주는 관리직 직원이 된다.

이제 기업을 운영하기 위한 조직과 생산, 판매시스템을 갖추었다.

기업의 회장과 CEO는 이사와 부장들을 모아놓고 상표가 '대학' 이라는 상품을 타사보다 값싸고 질좋은 상품으로 만들기 위해 대책회의를 한다.

오늘의 주제는 '학생 고객이 과연 우리 대학 상품을 사줄까? 이다.

이날 회의에서 다음과 같은 세가지 이야기를 나누게 된다.

첫 째는 "너무 걱정할 필요없다. 우리 '대학상품' 은 만들기 전 이미 판매계약이 되는 '일등상품' 이니 전혀 문제가 없다. 그러니 쓸데없는 생각하지 말고 각자 맡은 일이나 잘하도록 합시다. "

두번째 "우리 '대학상품' 이 아직까진 잘 팔리고 있으니 '학생 고객' 은 당분간 우리 상품을 사주는데 큰 문제는 없을 것이다. 그러나 시장이 변할 수 있으니 모두 이에 대한 준비를 해야 될 것 같다."

세번째는 "우리 대학 상품이 시장에서 팔리지 않고 있다. 큰일났다. 모두들 이런 상황에 대해 미리 예측을 못했을까. 이미 적자가 발생되어 비상 자금을 준비하지 않으면 도산할 수도 있다. 뭔가 대책을 빨리 세우도록 합시다.”

이와 같은 회의를 하며 참석자는 진지하게 의견을 나눈다. 하나 공통된 생각은 뭔가 시장환경이 변화하고 있다는 것은 감지한다는 것이다.

첫 번째와 두 번째 회사는 아직까지 상품이 잘 팔리고 있으니 별다른 걱정없이 비교적 편한 마음에서 회의가 진행되었다. 다만 시장상황이 달라질까 하는 우려는 있으나 긴박성과 시급성이 약하다.

세번째 타입의 회사는 이미 큰일이 났다. 우선 급한 김에 직원들은 상품을 들고 별 대책도 없이 허겁지겁 거리로 나선다. 내수시장이 어려우니 해외 수출시장으로 나가자며, 그것도 빨리나가야 된다고 아우성이다. 머뭇거릴 시간이 별로 없는 것이다.

이런 상황에 대해 전혀 생각을 안한 것은 아니지만, 이렇게 빨리 닥친 것을 예상하지 못한 것이다.

이제는 대학도 일반 기업의 시장논리로 보아야 한다.

대학이 기업이라면 기업 생존을 위한 뼈를 깎는 과감한 개혁과 구조조정을 할 것이다. 살아남기 위해 돈 안되고 전망 없는 아이템은 과감히 없애거나 흡수 또는 합병을 단행할 것이다. 기업의 총수나 CEO는 가방 하나들고 전 세계로 상품을 팔기 위해 다니면서 새롭고 좋은 아이템 발굴에 힘쓸 것이다.

다른 기업은 어떻게 발전하고 생존하는 가에 대해 벤치마킹을 하며 회사의 생존과 발전을 위한 방향 설정을 할 것이다.

좋은 아이템을 개발하고 앞선 제품을 만들기 위해 그동안 갖고 있던 인력 구조도 과감히 뜯어 고칠 것이다.

좋은 상품을 만들기 위해서는 과감하고 꾸준한 연구개발 투자가 필요하다. 일단 값싸고 질좋은 상품을 만들기 위해선 생산성 높고 품질 관리가 되는 공장이 필요한 것이다.

아무리 기업 총수가 좋은 아이디어와 아이템을 갖고 있다 할지라도 이를 생산할 수 있는 공장이 부실해선 안된다. 기업총수는 생산능력을 갖춘 적합한 공장을 갖추는데 전력을 다할 것이다.

이제 대학은 안에서 머무르지 말고 밖으로 나와야 된다. 일반 기업처럼 내수 시장은 물론 세계 시장으로 뛰어야 된다.

대학이 갖고있는 고귀한 명분보다는 현실을 직시하고 그 현실에 맞는 마스터플랜을 갖춰야 한다. 마스터플랜은 현실성이 있어야 하고 반드시 실행 될 수 있도록 해야 최종 목표로 하는 고지에 올라갈 수 있는 것이다. 시장에서는 관용과 배려가 통하지 않는다. 혹독하고 냉엄한 정글의 논리만 존재한다

미리 시장의 변화를 예측하고 타사보다 먼저 좋은 상품을 개발한 기업만이 살아 남을 수 있다 대학이 갖고 있는 상아탑 정신은 이어가며 철저한 자기 변화를 통해 기업 정신을 갖춘 대학만이 살아남을 것이다. 대학은 급격히 변하는 경쟁사회 속에 존재하기 때문이다

분명히 변화를 통한 경쟁력을 갖춘 대학만이 살아남을 수 있다. 경쟁력을 보유한 대학이 많을수록 국가 경쟁력도 향상되고 대학 본연의 기능과 역할도 제대로 할 수 있을 것이다.

결국 시대 상황을 직시하고 과감히 변화하는 대학과 그렇치 못한 대학의 선택은 우리 자신에게 있다. 스스로 하는 것이며, 그 선택에 대한 결과 역시 우리가 받아들여야 하는 필연인 것이다.

대학이 변하면 국민이 행복해진다

펴낸 날 2004년 11월 5일

글 · 황갑선
기획 · 편집 : 우진
펴 낸 곳 : 동인
펴 낸 이 : 이완재
주   소 : 서울특별시 서대문구 북아현3동 192-2
전   화 : 02-365-6368, 393-9814
팩   스 : 02-365-6369
등록번호 : 제10-749호(1992. 11.11)

ISBN : 89-8482-098-9 03300
값 12,000원